Julian Lenk

Das Baskenland und Nordirland - Eine vergleichende Analyse der Konflikte

GRIN Verlag

Bibliografische Information der Deutschen Nationalbibliothek:

Die Deutsche Bibliothek verzeichnet diese Publikation in der Deutschen National-
bibliografie; detaillierte bibliografische Daten sind im Internet über http://dnb.d-
nb.de/ abrufbar.

Impressum:

Copyright © 2004 GRIN Verlag GmbH
Druck und Bindung: Books on Demand GmbH, Norderstedt Germany
ISBN: 978-3-640-20416-8

Dieses Buch bei GRIN:

http://www.grin.com/de/e-book/74189/das-baskenland-und-nordirland-eine-verglei-
chende-analyse-der-konflikte

GRIN - Your knowledge has value

Der GRIN Verlag publiziert seit 1998 wissenschaftliche Arbeiten von Studenten, Hochschullehrern und anderen Akademikern als eBook und gedrucktes Buch. Die Verlagswebsite www.grin.com ist die ideale Plattform zur Veröffentlichung von Hausarbeiten, Abschlussarbeiten, wissenschaftlichen Aufsätzen, Dissertationen und Fachbüchern.

Besuchen Sie uns im Internet:

http://www.grin.com/

http://www.facebook.com/grincom

http://www.twitter.com/grin_com

Philipps-Universität-Marburg

Fachbereich 03

Institut für Politikwissenschaft

Wintersemester 04/05

Komparative Methoden

Das Baskenland und Nordirland
Eine vergleichende Analyse der Konflikte

Julian Lenk

Politikwissenschaft

01. Semester

Wintersemester 04/05, 04.02.2005

Gliederung:

1 <u>Einleitung</u>

Die separatistischen Konflikte im Baskenland und in Nordirland sind dem politisch interessierten Leser seit Jahren aus Fernsehen und Printmedien bekannt. Auch nationalistisch geprägte Konflikte zur Verteidigung einer Ethnie sind nichts Neues.

Und doch werfen sie viele unbeantwortete Fragen auf. So mangelt es in den Konfliktherden in Nordirland und dem Baskenland keineswegs an Bemühungen diese mit friedlichen Mitteln beizulegen. Doch kommt es nach wie vor zu Anschlägen der Separatistenorganisationen ETA und IRA. Um diese Konflikte zu verstehen ist eine Auseinandersetzung mit den Hintergründen, insbesondere mit den historischen unverzichtbar. Wo kommen die Nationalismen her? Wie prägt ihre Entstehung den heutigen Konflikt und was hat zur Radikalisierung und letztlich zum bewaffneten Kampf geführt? In diesem Zusammenhang sind die ideologische Konzeption, welche sich aus den historischen Wurzeln ableitet und die Zielsetzung der Organisationen interessant. Wie schaffen es ETA und IRA trotz staatlicher Intervention materielle und personelle Ressourcen zu mobilisieren? Wie sind die Gewaltorganisationen überhaupt aufgebaut und welche Strategie wenden sie an, um ihre Ziele zu erreichen? Dem Aspekt Rückhalt in der Bevölkerung soll hierbei besonderes Interesse gewidmet werden. Warum können sich ETA und IRA eines steten Mitgliedernachschubs bedienen und „hungern" nicht einfach aus? Wie stark ist der Rückhalt in der Bevölkerung? Letztlich stellt sich die Frage in wie weit die beiden Terrororganisationen vergleichbar sind und wie stark die zu vergleichenden Merkmale ausgeprägt sind.

2 <u>Vorbemerkung</u>

Der Vergleich soll Strukturelle Gemeinsamkeiten und Unterschiede zwischen den Gewaltorganisationen anhand zentraler Vergleichsaspekte herausarbeiten. Die Struktur der Arbeit gliedert sich wie folgt: Zuerst soll ein Überblick über die historischen Wurzeln der nationalistischen Strömungen zum besseren Verständnis der heutigen Konfliktsituation gegeben werden. Daraufhin wird der Fokus auf die Gewaltorganisationen der beiden Regionen verengt und die Geschichte der Organisation, ihre Ziele und zu Grunde liegende Ideologien, der Aufbau, die Strategie zum erreichen der Ziele, die Opfer der Gewaltaktionen und ihre Täter und schließlich der Rückhalt in Bevölkerung untersucht werden (vgl. Gliederung). Diese Gliederung ist für beide Terrororganisationen explizit in Kapitel aufgeschlüsselt. In der Synthese wird sich der Autor ebenfalls an diese Gliederung halten, diese aus gründen der Lesbarkeit jedoch nicht einzeln aufschlüsseln. Alle verwendeten Abkürzungen sind bei erstmaliger Verwendung an entsprechender Stelle in Fußnoten erläutert. Es wird davon ausgegangen, dass der Leser über Basiskenntnisse in Englisch verfügt. Zur besseren Verständlichkeit sind Zitate und Namen anderer als der deutschen Sprache in Fußnoten von Autor frei übersetzt, oder es wird sich auf eine Übersetzung anderer Autoren bezogen. Übersetzungen anderer Autoren sind also solche gekennzeichnet. Der Autor erhebt keinerlei Anspruch auf Vollständigkeit oder Richtigkeit der Übersetzungen, versichert jedoch diese nach bestem Wissen vorgenommen zu haben. Sinnvolle, für das Verständnis oder die Argumentation jedoch nicht zwingend erforderliche Zusatzinformationen sind ebenfalls in Fußnoten angemerkt.

3 <u>Konfliktanalyse Baskenland</u>

Das Baskenland (baskisch *„Euskadi"*) (Hirschberger, 2003) hat eine Fläche von ungefähr 20.000 m². Es wird im Norden durch das Flusstal Adour und im Süden durch den Strom Ebro begrenzt. Westliche Grenze ist das Gebiet der Encartaciones nahe dem Fluss Nevión, gegenüber dem Berg Auñamendi im Osten. (vgl. Kasper, 1997, 3)

3.1 Geschichte des baskischen Nationalismus

Die baskische Geschichte erstreckt sich nach heutigem Forschungsstand auf einen Zeitraum von vor 150.000 Jahren bis heute (vgl. Kasper, 1997, 12). Ein Blick zurück in die baskische Vergangenheit lohnt, weil sich viele Nationalismen und Ideologien aus teilweise mythischen Geschichtsinterpretationen ableiten. Fest steht, dass die Volksgruppe, welche seit dem Mesolithikum[1] im Raum des Baskenlandes siedelt, sich seither kaum mehr verändert hat und sich in hämotypologischen[2] Eigenschaften stark von den restlichen westeuropäischen Volksgruppen abhebt (vgl. Kasper, 1997, 12-13). Das baskische Volk zeichnet sich seit jeher durch einen großen Drang zur Autonomie und Autarkie aus. Zwar standen die Basken z.B. im Mittelalter abwechselnd unter Einflüssen verschiedener Großreiche, zeichnen sich jedoch auch durch eine weit reichende Resistenz gegen feudale Strukturen und Hochadel aus (vgl. Kasper, 1997, 30-39 und 42). Die katholische Kirche setzte sich früh durch und konnte von den Protestanten nicht reformiert werden. Das Baskenland ist bis heute katholisch (vgl. Kasper, 1997, 50). Die Durchsetzung und spätere schriftliche Fixierung des sog. *Fuero*[3] sorgte im Baskenland ab dem Spätmittelalter für Stabilität und sicherte gewisse Autonomie- und Sonderrechte gegenüber der spanischen Krone. Die Fueros regelten für Jahrhunderte die rechtlichen- und politischen Beziehungen der, nach der gesamteuropäischen ökonomischen und ökologischen Krise (Mitte 14. Jh. bis Mitte 15. Jh.), prosperierenden baskischen Regionen zu dem spanischen Staat (vgl. Kasper, 1997, 51).

---

[1] Mesolithikum (auch Mittelsteinzeit): Mittlere Epoche von Drei der Steinzeit. Beginn ca. vor 10.000 Jahren

[2] Hämotypologie: Blutgruppenforschung, welche darauf abzielt besondere Charakteristika einzelner Ethnien aufzudecken. Im Falle der Basken ist der Rhesusfaktor am häufigsten von allen Ethnien der Welt negativ.

[3] Gewohnheitsrecht

Bemerkenswert ist die wirtschaftliche Stabilität der Region. So konnten die Basken viele Krisen, die Kastilien erfassten unbeschadet überstehen, sich schneller als der Rest der Iberischen Halbinsel erholen (vgl. Kasper, 1997, 65f.), oder sogar eine ökonomische Vorreiterrolle übernehmen. Dies wurde unter anderem durch das gemäßigte mediterrane Klima und andere geographische Vorteile, die Freiheit der Steuererhebung durch das Fuerosystem und später die reichen Erzvorkommen (vgl. Kasper, 1997, 119) ermöglicht. Der erste Nationalismusschub ging von Sabino Arana Goiri (Geb. 1865 in Bilbao, gestorben 1903) aus. Er formulierte die nationalistischen Separationsansprüche und stellte sie auf eine, zugegebenermaßen schwache, auf den Rassenbegriff und mythische Sprachherkunftstheorien aufbauende, Argumentation. (vgl. Kasper, 1997, 128 und Valandro, 2001, 30). Die baskische Sprache „Euskera oder Euskara [ist, J.L.], die einzige noch gesprochene vorindoeuropäische Sprache Europas" (Valandro, 2001, 27) und ist, das von Nationalisten am häufigsten angeführte Argument zur Rechtfertigung der baskischen Besonderheit als eigener Volksstamm. Die Sprache als Bewahrer des Exklusivitätscharakters wurde oft, auf mythisch verzerrte Weise[4], von Sabino Arana Goiri verwendet. Auf Goiri geht auch die „*Partido Nacionalista Vasco*" (dt. Baskische Nationalistische Partei, kurz PNV, gegründet 1895) zurück. Sie spielte auch noch lange nach seinem Tod eine wichtige Rolle für das Baskenland, fand anfangs jedoch fast ausschließlich Anhänger in „der Kleinbourgeoisie und der Landbevölkerung" (Valandro, 2001, 31). Die PNV spaltete sich intern in einen radikalen- und einen liberalen Flügel und es kam unaufhörlich zu Konfrontationen. Die Zeit der autoritären Diktatur des Generalkapitäns Miguel Primo Rivera, von 1923 bis 1930, überstand der baskische Nationalismus weitgehend unbeschadet, da der Nationalismus, zwar illegalisiert, aber inoffiziell gebilligt wurde. Im spanischen Bürgerkrieg (1936 bis 1939) schlug sich die PNV auf die Seite der republikanischen Regierung, weil sie großzügige Autonomiestatute angeboten bekam. Während des Bürgerkriegs konstituierte sich sogar kurzzeitig die „Provisorische Regierung von Euskadi" unter dem damaligen PNV Führer José Antonio Aguirre. Den Verrat an Franco sollte das Baskenland, nach dem Sieg der Konservativen, teuer bezahlen. „Die Vergeltung, welche Franco übte, war brutal und systematisch." (Waldmann, 1992, 67) „Die Repressionsmaßnahmen setzten unmittelbar nach der Eroberung der beiden

---

[4] Es wurde sogar behauptet die Basken wären die letzten Überbleibsel der Arche Noah (vgl. Kasper, 1997, 125f.)

Gebiete (Baskenland 1937; Katalonien 1939) ein. In beiden Regionen wurden Hunderte von Personen hingerichtet, Tausende eingesperrt, Hunderttausende flüchteten ins Exil. Die öffentliche Verwaltung wurde „gesäubert", sämtliche lokale Beamte wurden durch Funktionäre aus anderen Teilen Spaniens ersetzt. Alle Zeugnisse der Regionalkultur wurden entfernt, zerstört, verboten: aus Bibliotheken und Buchhandlungen verschwanden Bücher und Zeitschriften in der Regionalsprache, Institute und Akademien, die der Pflege und Erforschung der regionalen Tradition gewidmet waren, wurden geschlossen, regionalistische Denkmäler zerstört, Straßen und Geschäftsnamen ins Kastilische übersetzt. Der Gebrauch des Katalanischen bzw. Baskischen bei Behörden und im öffentlichen Verkehr wurde mit Strafe belegt und die regionale Sprache und Kultur konsequent aus dem Erziehungswesen verbannt. Den Unterricht an Schulen übernahmen Lehrer aus anderen Gebieten Spaniens, die Kinder durften sich nicht einmal untereinander in ihrer Muttersprache verständigen. Darüberhinaus ergriff die Zentralregierung gezielte Maßnahmen, um den wirtschaftlichen Einfluß [...] einzudämmen." (Waldmann, 1992, 67). Erst in „der Mitte des 19. Jahrhunderts wurde das Baskenland von einer Wirtschaftskrise erfasst" (Valandro, 2001, 28), welche mit einer Einschränkung des Fuerosystems und einer zunehmenden Zentralisierung der Macht einherging.

Während der Industrialisierung und sogar unter den Repressionen der Franco Diktatur blühte die Wirtschaft und erzeugte einen starken Strom von Binnenmigranten. Waldmann bemerkt hierzu:

„Umso erstaunlicher ist es, das bei Minderheiten [Basken und Katalanen, J.L.], der gezielten Zurücksetzung durch die Zentralregierung zum Trotz, ihre wirtschaftliche Führungsposition innerhalb Spaniens halten konnten." (Waldmann, 1992, 67).

Mit der Industrialisierung sollte der baskische Nationalismus einen neuen Vorwärtsschub erhalten. „It was this environment of rapidly changing and industrializing [...] that modern Basque nationalism was born"[5] (Payne, 1975, 63). Der baskische Nationalismus fand, unter dem Veränderungsdruck der Industrialisierung,

---

[5] Es war diese Umgebung aus rapider Veränderung und Industrialisierung, in der der baskische Nationalismus entstand.

breite Unterstützung in der Bevölkerung. Dieser Veränderungsdruck ging einher mit den für diese Zeit typischen gesellschaftlichen Umschichtungen. Neue Arbeiter kamen in die Region, zunehmende Urbanisierung, Industrialisierung, Aufkommen einer neuen Mittelschicht und Atomisierung der Gesellschaft (vgl. Payne, 1975, 64). Die Industrialisierung kam dem Baskenland wirtschaftlich zugute, "but it disconcerted a few elements of the younger intelligentsia searching for identity and meaning after the shipwreck of royalist-apostolicist foralism"[6] (Payne, 1975, 64).

"Die Entwicklung des baskischen Nationalismus erreichte damit einen entscheidenden Wendepunkt: Die als Bedrohung der ethnischen Identität empfundene Modernisierung, sowie die Umwandlung der agrarisch-traditionell strukturierten baskischen Gesellschaft in eine Industrie- und Immigrationsgesellschaft bedingten eine Suche und eine Revitalisierung der „ursprünglichen" baskischen Identität und Tradition" (Valandro, 2001, 28). Die Führungsspitze der PNV war im Exil, zu Beginn des 2. Weltkriegs zuerst in Paris und später in New York und versuchte von dort die Staatengemeinschaft zu mobilisieren und Druck auf die franquistische Diktatur auszuüben, war faktisch aber machtlos[7]. „In diesem Umfeld entstand 1959 eine neue nationalistische Gruppe: *Euskadi at Askatasuna* (dt. „Baskenland und Freiheit"), kurz ETA genannt" (Kasper, 1997, 174). Sie entstand aus einer Gruppe von Intellektuellen, die sich *Ekin* (dt. etwa „Aktion") nannte und kurze Zeit mit der Jugendorganisation der PNV assoziiert war. Die Methoden des nationalistischen Widerstands der PNV ging der Gruppe Ekin allerdings nicht weit genug. Sie entwickelte die Vorstellung des bewaffneten Widerstands und gründete am 31.Juli 1959 die ETA (vgl. Kasper, 1997, 175).

3.2 ETA

Die ETA entwickelte sich aus dem als unzureichend empfundenen Widerstand der PNV gegen Franko und der für die baskische Identität als lebensbedrohlich empfundenen Repressionen des Regimes.

---

[6] Aber sie verunsicherte einige Teile der jungen Intellektuellen, welche nach dem Schiffbruch des royalistisch-apostolischen Foralismus, nach Identität suchten.
[7] Mit Ausnahme „der erfolgreichen Steuerung des Streiks von 1947" (Kasper, 1997, 174)

Die Untergrundorganisation wuchs, nicht zuletzt durch ihre Unnachgiebigkeit und „Kompromisslosigkeit" (Waldmann, 1992, 13), zu einer „Gruppe mit größter Wirksamkeit auf die Öffentlichkeit" (Kasper, 1997, 174). Der Terrorismus der ETA wird mit einer „merkwürdigen Hartnäckigkeit" fortgeführt, „obwohl es sie der Verwirklichung ihrer separatistischen Pläne keineswegs näher zu bringen scheint" (Waldmann, 1992, 15). Die konstituierende Versammlung fand 1962 statt. Das Ergebnis war eine klare Zieldefinition: „Das Ziel war die Unabhängigkeit der sieben Territorien des Baskenlandes; Euskera sollte die offizielle Sprache sein" (Kasper, 1997, 175). „Zunächst beschränkte sich die ETA auf Propaganda und einzelne Anschläge. Ab 1967 wurden erstmals auch im größeren Ausmaß Bombenanschläge [...] durchgeführt" (Valandro, 2001, 37). Die Hinrichtung eines Kommissars der politischen Polizei im Baskenland, Melitón Manzanas verursachte eine massive Repressionswelle, in deren Verlauf hunderte Personen festgenommen und gefoltert wurden. Diese Folterungen gruben sich tief in das Gedächtnis der Basken ein und riefen eine breite Welle an Streiks, Demonstrationen und Sympathiebekundungen hervor. Die Verhaftungen gipfelten in dem „Prozess von Burgos im Jahr 1970" (Valandro, 2001, 38), indem 16 *Etarras*[8] verhaftet und 6 zum Tode verurteilt werden sollten. Der Prozess von Burgos „was undoubtedly the most crucial event in ETA`s history. The trial, and the very strong campaign to save the lives of those six accused who were condemned to death, had the effect of bringing the ideas of ETA-VI[9] before the entire population of the Basque country, and indeed of the world"[10] (Sullivan, 1988, 92). Die als Schauprozess zur Stützung des Franko Regimes geplanten Verurteilungen schlug ins Gegenteil um; bot sie den Etarras doch die Möglichkeit ihre Ziele und die an ihnen begangenen Verbrechen öffentlich zu machen. Die Sympathie, welche die ETA durch die Bevölkerung im Baskenland erfuhr, war auf einem Höherpunkt angelangt. Die durch die Verhaftungen und verschärften Repressionen in ihrer Mitgliederzahl schwer angeschlagene ETA, konnte sich als Folge des Prozesses neuem Mitgliederzustrom erfreuen.

---

[8] ETA-Mitglieder
[9] ETA-VI entspricht ETA-militar (ETA-m), siehe unten
[10] Der Prozess von Burgos war unzweifelhaft das entscheidendste Ereignis in der Geschichte der ETA. Das Gerichtsverfahren und die starke Kampagne zur Rettung der Leben dieser sechs zum Tode verurteilten Angeklagten, hatte den Effekt die Ideen der ETA der gesamten baskischen Öffentlichkeit und in der Tat der Welt zu präsentieren.

Die weiter unten im Kapitel „Ziele, Ideologie" skizzierten internen ideologischen Differenzen führten im Jahre 1974 zur Spaltung der ETA in eine „eher nationalistische Ziele verfolgenden" Fraktion ETA-militar[11] und eine „eher sozialistisch ausgerichtete" Fraktion ETA político-militar (Valandro, 2001, 39). Die ETA verlor durch die Aufspaltung jedoch nicht an Schlagkraft. Im Gegenteil konnte sie durch verstärkte interne Kommandostrukturen und einen Ausbau des Rückzugsgebietes hinter der französischen Grenze, ihre Aktivitäten Ende der 70´er Jahre massiv ausweiten (vgl. Valandro, 2001, 40). Die hartnäckige Versteifung auf die Autonomieziele zeigte sich 1978, als die ETA die, von der ETA político-militar mit der spanischen Regierung ausgehandelten Autonomiestatute, kategorisch ablehnte. In den 80´er Jahren musste die ETA viele Verluste hinnehmen. Der von der spanischen Regierung geführte „schmutzige Krieg" (Valandro, 2001, 42), bei dem die sog. GAL[12] 28 mutmaßliche Etarras ermordete und verstärkt mit der französischen Regierung zur Aushebung der Verstecke und Versorgungslager in Frankreich zusammenarbeitete, brachte die ETA fast an das Ende des organisierten Widerstands. Ende der achtziger Jahre konnte sich die ETA erholen und neue Organisationsstrukturen aufbauen; geriet jedoch zunehmend unter Druck: Die Bevölkerung war nicht mehr bereit die inzwischen auf systematische Gewalt ausgeweitete Strategie der ETA zu akzeptieren (vgl. Valandro, 2001, 44). Spätesten seit der Ermordung eines junges baskischen Stadtrats 1997 ist die ETA zunehmend marginalisiert (vgl. García-Ziemsen, 2004). Die ETA ist jüngst durch die Verständigungspolitik der sozialistischen Zentralregierung, den Verlust der exklusiven Ziele einen autonomen baskischen Staat durchzusetzen (die gemäßigte nationalistische Baskenpartei zog in den Regionalwahlkampf 2005 mit der Forderung nach einem „Freistaat" (vgl. Elvers, 2005)) und die Verhaftung mehrerer Führungsspitzen so geschwächt wie nie zuvor. Trotzdem konnte die „Kommunistische Partei der Baskischen Lande" (Glaap, 2005), die als Nachfolgeorganisation der Herri Batasuna gilt, einen Stimmenzuwachs verbuchen (vgl. Glaap, 2005). Bis heute sind rund 850 Menschen Opfer des ETA Terrorismus geworden (Elvers, 2005).

---

[11] Folgend ETA genannt

[12] „Groupos Antiterroristat de Liberación" (dt. Antiterroristische Befreiungsgruppen) (vgl. Valandro, 2001, 42)

3.2.1 Ziele, Ideologie

Das Primärziel der ETA ist schnell erläutert: „staatliche Unabhängigkeit des Baskenlandes" (Valandro, 2001, 36) von Spanien und Frankreich durch Volksaufstand. Dieses Primärziel mixt sich jedoch mit mindestens einem Sekundärziel: Das Baskenland sollte souverän sein und es sollte eine sozialistischer Staat errichtet werden. Intern führte diese Interessendiversität zu Auseinandersetzungen, da das Hauptziel nicht von allen Mitgliedern als ein solches akzeptiert wurde. Insbesondere die Anhänger aus der Unterschicht hatten eine Neigung zu marxistisch-revolutionären Prinzipien. Die anfängliche Ideologie der ETA zeichnet die mannigfaltigen und häufig vagen Ansichten ihrer Führer, welche von einer Fusion der primitiven nationalistischen Ideen Goiris und sozialistischen Gedankenguts inspiriert waren, nach. Die ETA definiert sich selber als „abertzale" (patriotisch), demokratisch und anders als die PNV und die Priesterschule vielen ihrer Anhänger zu trotz, als unkonfessionell. Ein Faktor war für den Ruck in Richtung extreme Linke der ETA Ideologie entscheidend wie kein zweiter: Die Vorbilder Cuba, Algerien und Vietnam. Diese revolutionären Befreiungskriege wurden als nationalistisch, progressiv und als Kombination von drei wesentlichen Elementen gesehen, welche die ETA übernahm: Bewaffneter Kampf, Unabhängigkeit und Sozialismus (vgl. Valandro, 2001, 37). Die oben beschrieben Spaltung der ETA bedingte zwei Gruppen mit verschiedener Methoden- und Zielorientierung. Die ETA-militar wollte den bewaffneten Kampf kompromisslos weiterführen und berief sich unbeirrbar auf die Separationsansprüche. Die ETA político-militar hingegen wollte den Kampf eher auf die politische Ebene verlagern und war auch zu Kompromissen, z.B. Teilautonomie, bereit. Seit 1977 ist „Alternativa KAS"[13] eine wichtige fünf Punkte umfassende ideologische Zieldefinition:

1. „1. Generalamnestie für die ETA-Häftlinge, die gegenwärtig in spanischen Gefängnissen einsitzen, und sofortige, an keinerlei Formalitäten geknüpfte Rückkehrmöglichkeit für die zahlreich ins Ausland, vor allem nach Frankreich geflüchteten Etarras.

2. Gewährung sämtlicher demokratischer Freiheitsrechte, einschließlich des demokratischen Selbstbestimmungsrechts.

---

[13] Radikal-nationalistische Plattform „Koordinadora Abertzale Sozialista" (dt. Patriotische Sozialistische Koordinationsgruppe, kurz KAS) (vgl. Valandro, 2001, 41)

3. Rückzug sämtlicher spanischer Sicherheitskräfte aus dem Baskenland.

4. Verbesserung der Lebensbedingungen für die breiten baskischen Bevölkerungsschichten, insbesondere die baskische Arbeiterklasse.

5. Der Einschluß Navarras in die Autonome Baskische Gemeinschaft, nach Abhaltung eines Referendums" (Valandro, 2001, 42). Diese stellen bis heute eine Bedingung für die Einstellung militärischer Aktionen dar. Das Baskenland gilt heute als Region mit den meisten Autonomierechten innerhalb der EU. Ungeachtet dessen setzt die ETA ihren bewaffneten Kampf fort. Ausgehandelte Waffenstillstandsabkommen scheitern (vgl. Valandro, 2001, 67) und die Strategie des militärischen Kampfes wird fortgesetzt, obwohl die Ausgangsziele teilweise erreicht wurden.

3.2.2 Organisation

Über die Organisation der ETA lässt sich sagen, sie „verkörpere ein relativ geschlossenes, hierarchisches, auf Effizienz und Schlagkraft hin orientiertes Prinzip der Bewegung" (Waldmann, 1992, 126). Der politische Arm, die Herri Batasuna[14], ist dagegen ein lockerer Zusammenschluss mehrerer „z.T. ziemlich heterogener Gruppierungen" (Waldmann, 1992, 126) ohne klarer Abgrenzung nach außen, mit sich ständig ändernden Strukturen und sich ändernden inhaltlichen Ausrichtungen (vgl. Waldmann, 1992, 126). Bestimmend für die Organisationsstruktur ist die Gründungszeit, in der die ständige Angst vor dem Sicherheitsapparat Frankos prägenden Einfluss auf die innere Strukturierung hatte, was eine schlanke Organisation (ohne viele Mitwisser) mit strenger Geheimhaltung bedingte. Zwar wurden immer wieder auch Details über die ETA publik, über für die Polizei verwendbare Hinweise wurde jedoch absolutes Stillschweigen vereinbart und gehalten. Die nahe französische Grenze ist unverzichtbarer Bestandteil der Organisation. Nicht nur einmal wurde die ETA von der spanischen Polizei fast ausgerottet[15] – alle Führungsspitzen verhaftet und große Waffenlager ausgeräumt. Teile der Mitglieder konnten sich jedoch immer hinter die Grenze absetzen und so der direkten Bedrohung durch die spanischen Behörden

---

[14] Im Folgenden wird die Herri Batasuna als politischer Arm der ETA bezeichnet. Da die Herri Batasuna (ab 1998 Euskal Herritarrok) 2003 verboten wurde, ihre Rolle für die ETA aber entscheidend ist werden unter dem Namen auch die Folgeparteien subsumiert.

[15] „z.B. in den Jahren 1968/69 und 1971/72" (Waldmann, 1992, 126)

entkommen, sich erholen und neue Strukturen aufbauen. Im sicheren Refugium hinter der Französischen Grenze konnte „ein Netz von Schlupfwinkeln, Druckereien, Waffen- und Vorratslager und Schulungseinrichtungen" (Valandro, 2001, 40) aufgebaut werden. Laut Satzung verfügt die ETA über „drei Hauptorgane: die für Grundsatzentscheidungen zuständige Generalversammlung, an der alle Führer teilnehmen konnten; ein aus fünf Personen bestehender Exekutivausschuß, dem die ständige Geschäftsführung oblag; schließlich die sogenannte reduzierte Versammlung, die öfter als die Generalversammlung zusammentreten und vor allem den Exekutivausschuß kontrollieren sollte" (Waldmann, 1992, 127). Die Schwierigkeit, die großen Treffen der Generalversammlung von im Untergrund lebenden Personen, zu organisieren, führte ab 1965 zu unregelmäßigeren Treffen. Spätestens seit 1976[16] ist nichts mehr über weitere Treffen bekannt, was die Frage aufwirft, in wie weit sich die demokratischen Strukturen in der ETA bis heute erhalten haben (vgl. Waldmann, 1992, 127). Ursprünglich gliederte sich die ETA in „einen kulturellen, politischen, für Arbeiterfragen zuständigen und einen militärischen Flügel" (Waldmann, 1992, 127). Nach dem die Herri Batasuna jedoch die drei Erstgenannten übernahm, konzentrierte sich die ETA auf die Organisation ihrer militärischen Aktivitäten. Während sich die Führungsstruktur oft änderte, wurden an der Basis früh kleine Aktionseinheiten von 3-5 Mitgliedern eingeführt und beibehalten.

Man unterscheidet fünf Typen:

1. „Comandos legales": setzten sich aus „normalen Bürgern" (der Polizei nicht bekannt) zusammen, die sich unregelmäßig auf Weisung ihres Spiritus Rector treffen, um Anschläge vorzubereiten oder durchzuführen.
2. „Comandos ilegales": sind der Polizei bekannt und können daher nur noch im Untergrund agieren; werden von der ETA finanziert.
3. „Comandos especiales": führen besonders anspruchsvolle Aufträge durch.
4. „Comandos informativos": Sammeln Informationen für die Organisation.
5. „Comandos autónomos": operieren größtenteils losgelöst von der Führungsspitze (und nicht immer im Auftrag letzterer)

(vgl. Waldmann, 1992, 128).

---

[16] Versammlung VII

Die Mitgliederzahl beläuft sich auf schätzungsweise 150 bis 500 Etarras. Ihre materiellen Ressourcen bezieht die baskische Untergrundorganisation zu einem geringen Anteil von ausländischen Gruppen[17], mit denen sie in Verbindung steht[18] und hauptsächlich aus Einnahmen von Banküberfällen, Entführungen, der Revolutionssteuer und freiwilligen Spenden (vgl. Waldmann, 1992, 130). Nicht zu vernachlässigen ist auch, dass die meisten Aktivisten einen Beruf ausüben und selbst für ihren Lebensunterhalt aufkommen. Zuletzt sei noch darauf hingewiesen, dass die in den Statuten festgelegten Organisationsstrukturen nicht zwangsläufig mit der Realität korrelieren müssen und es manchmal auch nicht tun. Die „comandos autónomos" sind ein gutes Beispiel für die Unfähigkeit der Gurus ihren Führungs- und Leitungsanspruch universell, d.h. in der gesamten Organisation, geltend zu machen.

3.2.3 Strategie

Die Strategie der ETA ist der bewaffnete Guerillakampf, welcher darauf abzielt eine Spirale der Gewalt in Gang zu setzen. Die „Stadtguerilla-Taktik" wurde von den erfolgreichen Beispielen in Brasilien, Uruguay und Argentinien übernommen und auf den „Mechanismus von „Aktion und Repression"" (Waldmann, 1992, 121) übertragen. Das Prinzip von Aktion und Repression folgt dem Prinzip: „es gelte den Staat durch Attentate auf wichtige Amtsträger und Mitglieder der Sicherheitskräfte zu provozieren, da die zu erwartende Verfolgungs- und Unterdrückungswelle den Aufständischen immer mehr Anhänger zutreiben würde, bis die Situation reif sei für eine Massenerhebung" (Waldmann, 1992, 121). Diese „Theorie der Spirale" (Kasper, 1997, 177) schien bis in die 80er Jahre immer wieder auf zu gehen. Der Prozess von Burgos oder die Ermordung der Polizeikommissars M. Manzanas, welche eine Repressionswelle und sogar die Verhängung des Ausnahmezustands für 3 Monate über ganz Spanien zur Folge hatte, sind beispielhaft (vgl. Kasper, 1997, 177). Auch die Einsetzung der illegalen GAL zur Bekämpfung der ETA und Ermordung einiger Mitglieder war ein Paradebeispiel, an dem sich leicht erkennen lässt, wie die Strategie der Gewaltspirale aufgehen kann und sich sogar ein Rechtsstaat zu unlauteren Mitteln

---

[17] Zeitweise, insbesondere während des Kalten Krieges, standen auch sozialistische Staaten im Verdacht die ETA finanziell zu unterstützen. Dies konnte indes nie nachgewiesen werden.
[18] Z.B. durchliefen ETA Mitglieder Trainingslager in Palästina

verleiten lässt. Anfangs war das Mittel der Gewaltanwendung ein selektives. Es wurden nur Repräsentanten des spanischen Staates, also etwa „Soldaten, Polizisten oder Richter" (Valandro, 2001, 46) ermordet. Sie galten auch in der Bevölkerung als legitime Ziele. Ab 1974 fand eine Offensive statt, in der die Gewaltanwendung systematisch ausgeweitet wurde (vgl. Kasper, 1997, 179 und Valandro, 2001, 41). Die ETA ging „zur Strategie der systematischen und offensiven Gewalt über, der nun auch verstärkt Zivilpersonen und sogar kritische ETA-Aktivisten zum Opfer fielen" (Valandro, 2001, 41). Seit 1993/94 hat die ETA aufgrund von massiven Protesten außer- und auch innerhalb der Organisation ihre Strategie wieder auf die selektive Gewalt fokussiert (vgl. Valandro, 2001, 46). In Zeiten der Schwächung hat die ETA ein weiteres Mittel entwickelt, um diese Phasen zu überstehen: „Die ETA-Taktik, in Zeiten nach einer schweren Schwächung der Organisation Verhandlungen aufzunehmen oder aufnehmen zu lassen, um sich zu reorganisieren und neue Mitglieder zu rekrutieren, hat sich in den 80er Jahren schon wiederholt gezeigt" (Valandro, 2001, 46)

3.2.4 Opfer und Täter

Die ETA rekrutiert ihre Mitglieder hauptsächlich aus Jungerwachsenen[19], ihr gehören aber auch wesentlich ältere- und jüngere Mitglieder an. Weiterhin sozialstatistisch interessant ist der hohe Männeranteil[20]. Die Terroristen kommen überwiegend aus einem rein baskischen- oder gemischt baskisch-spanischen Elternhaus und wurden im kleinstädtischen Milieu, in dem die baskische Sprache überwiegt, sozialisiert. Rund ein Drittel entstammen einem Unterschichtenmilieu[21]; ein weiteres Drittel entstammt der unteren Mittelschicht[22]; ungefähr 20 % sind Studenten und Priester, der Rest rekrutiert sich aus der mittleren Mittelschicht. Die obere Mittelschicht und die Oberschicht sind nicht präsent oder zumindest stark unterrepräsentiert[23]. Daten über die Veränderung der Mitgliederstruktur über die Jahre sind spärlich. Eine Verschiebung von anfänglich starker Präsenz der Bildungsschicht, zur unteren Mittelschicht und Unterschicht,

---

[19] Durchschnittsalter: ca. 25 Jahre
[20] Männeranteil: ca. 90 %
[21] ungelernte Arbeiter oder angelernte Industriearbeiter, meist in Familienbetrieben beschäftigt
[22] Facharbeiter, Kleinladenbesitzer, kleine und mittlere Angestellte, Techniker, Handwerker, Kleinbauern, u.a.
[23] Obere Mittelschicht und Oberschicht > 1%

besonders Anfang der 70er Jahre, läst sich jedoch erkennen. Vom psychologischen Profil sind auffällige Verhaltensweisen und pathologische Züge nicht weiter verbreitet als im Rest der baskischen Bevölkerung. Die Aktivisten sind keineswegs besonders aggressiv oder anderweitig psychologisch geschädigt. „Bei der Mehrzahl scheint es sich um ausgeglichene, oft fröhliche und kontaktfreudige [...] Individuen zu handeln, die zu ihrem sozialen Umfeld in einer harmonischen Beziehung stehen" (Waldmann, 1992, 134). Die Entscheidung der ETA beizutreten wird nicht spontan gefällt, sondern ihr geht ein längerer Entscheidungsprozess voraus. Die Etarras werden bei ihrer, meist auf 3 Jahre beschränkten, Aktivitäten von ihren Familien unterstützt. Die vorübergehende Mitgliedschaft in der Gewaltorganisation wird als Ersatz für die Ableistung eines Militärdiensts verstanden. Die Organisation entwickelte sich von einer primär an der Erhaltung der baskischen Kultur orientierten Verbindung meist Intellektueller zu einer perfekten Gewaltmaschinerie[24]. Dies erklärt sich aus den massiven Repressionen des Franko Regimes, welche die Rebellen vor die Wahl: „Unterwerfung oder bewaffneter Widerstand" (Waldmann. 1992, 135) stellte.

Die Anschläge werden meist auf öffentlichen Plätzen mit Schnellfeuerwaffen durchgeführt; die Opfer (vgl. Grafik 1) sind zu zwei Dritteln staatliche Sicherheitskräfte[25] und ausnahmslos männlich. Zivilisten werden meistens nur im Zuge der Anschläge (insbesondere bei Bombenattentaten) verletzt oder getötet. Reiche Geschäftsleute werden entführt und können sich durch ein hohes Lösegeld wieder freikaufen, sterben dabei jedoch selten. Mit zunehmender Radikalisierung wurden auch die als antipatriotisch gebrandmarkten Verweigerer der Revolutionssteuer, oder als Spitzel verdächtigte Personen, ins Visier genommen. Die ETA selbst bezahlt ihren Kampf mit einem hohen Blutzoll: Zwischen 1968 und 1984 starben insgesamt 124 Etarras bei Auseinandersetzungen mit der Polizei. (vgl. zum ganzen Kapitel: Waldmann, 1992, 61-63)

---

[24] Tabelle 1 (Opfer von ETA Anschlägen 1968-1986) spiegelt die zunehmende Gewaltintensität wieder. Quelle: Waldmann, 1992, 136)
[25] Polizei, Guardia Civil, ranghohe Militärs

3.2.5 Rückhalt in der Bevölkerung

Methodisch steht man bei der Beantwortung der Frage nach dem Rückhalt aus der Bevölkerung erwartungsgemäß vor einem erheblichen Problem: Die Bewertung des quantitativen Rückhalts den die ETA unter den Basken genießt, hängt stark von der Weite des Rückhalt-Begriffs ab (vgl. Clark, 1984, 167). Eine enge Begriffsdefinition würde beispielsweise bedeuten, nur Menschen unter den Rückhaltsbegriff zu subsumieren, welche die ETA aktiv, sei es durch die freiwillige Spende, sonstige materielle Ausstattung oder Obdach für Terroristen, unterstützen. Im Folgen soll eine weite Begriffsdefinition angewendet werden, da auch indirekte Kooperation, z.B. Stillschweigen über polizeilich relevante Informationen oder Sympathie durch Befürwortung ihrer Ziele, die ETA in ihrer taktischen Flexibilität unterstützt. Nicht unberücksichtigt darf auch die ungewöhnlich hohe Rate von Umfrageverweigerer[26] bleiben, welche eine Interpretation der Umfrageergebnisse erschweren. Trotz dieser Einschränkungen gibt es viele Studien, die umfangreiches Datenmaterial zusammengetragen haben.

In den Gründungsjahren konnte sich die ETA eines starken Zuspruchs aus der Bevölkerung erfreuen. Sie verteidigte die baskische Identität gegen die Repressionen der Franko Diktatur. Der Bewahrung der baskischen Kultur kommt eine doppelte Bedeutung zu. Die durch die sozioökonomischen Umwälzungen der Industrialisierung schon angeschlagene Homogenität der baskischen Kultur wurde durch Franko zusätzlich lebensbedrohlich unterdrückt. Violente Aktionen werden von der Bevölkerung vor allem insoweit akzeptiert, als sie dem kollektiven Eigenschutz, der Verteidigung dienen und die Mittel als legitim betrachtet werden. „A hard core of about 12 percent"[27] (Clark, 1984, 173) unterstützt die Ziele der ETA und „a hard core of about 3 to 6 percent of adult Basque support and actually advocate armed struggle or violence to achieve Basque independence"[28] (Clark, 1984, 170). Die ETA verspielte diesen Rückhalt jedoch zunehmend durch systematische Gewaltanwendung. Gegen Ende der Diktatur befand sich die ETA auf ihrem Hoch der positiven Resonanz aus der

---

[26] Clark spricht von durchschnittlich 20% - 30% (Clark, 1984, 167)
[27] Ein harter Kern von etwa 12 Prozent
[28] ein harter Kern von etwa 3 bis 6 Prozent der erwachsenen Basken unterstützen und befürworten tatsächlich den bewaffneten Kampf oder Gewalt zum Erreichen der Unabhängigkeit

Bevölkerung. Der Prozess von Burgos und die spektakuläre Ermordung des Franko Sukzessors Luis Carrero Blanco sorgten für Beifall aus der Bevölkerung und einen erheblichen Mitgliederzuwachs (vgl. Kasper, 1997, 183). Mit den, durch König Juan Carlos I. nach Ende der Franko Diktatur eingeleiteten demokratischen Reformen und dem Zugeständnis weit reichender Autonomie gegenüber dem spanischen Staat, verlor die ETA viel der gemäßigten Anhänger. Mitte der 80er Jahre konnte sich die ETA noch auf einen nicht unerheblichen Anteil in der Bevölkerung von rund 150.000 Basken stützen[29], welche ihr „uneingeschränkte Sympathie und Hilfe" (Waldmann, 1992, 131) entgegen brachte. Das Endziel: völlige Loslösung vom spanischen Staat, schien nach Ende des Franko Regimes bis Mitte der 80er Jahre für die Bevölkerung an Attraktivität zu gewinnen (vgl. Waldmann, 1992, 131). „Die Rahmenbedingungen für den Kampf der ETA im Baskenland wandelte sich [jedoch, J.L.] seit Mitte der 80er Jahre. Die Organisation verlor eindeutig an Unterstützung, und die Sympathiewelle [...] war deutlich abgeebbt" (Valandro, 2001, 44). Die ETA wurde gegen Ende der 80´er Jahre „zunehmend stärker kritisiert und auch in der baskischen Öffentlichkeit erstmal wirklich massiv abgelehnt" (Valandro, 2001, 44). Die scheinbar sinnlose undifferenzierte Gewaltausübung war für viele Basken nicht mehr nach zu vollziehen. „Die ETA errichtete im spanischen Baskenland ein Regime der Angst. Politisch Andersdenkende – Intellektuelle, Künstler, Politiker und Journalisten – werden systematisch eingeschüchtert, bedroht und ermordet" (Valandro, 2001, 47). Trotz eines unbefristeten und vollständigen Waffenstillstands seitens der ETA 1998 und der Aufnahme von Friedensverhandlungen mit der spanischen Regierung (den die ETA 1999 wieder kündigte), setzt die ETA ihre Anschläge fort, engt ihre Gewaltanwendung aufgrund der zunehmenden Marodierung ihres Rückhalts in der baskischen Bevölkerung wieder auf Repräsentanten des spanischen Staates ein. Die ETA konnte durch diesen Strategiewechsel ihren Zuspruch aus der Ethnie konsolidieren, spaltet die baskische Öffentlichkeit jedoch zunehmend und kann nicht mehr an die Sympathien des Endes der Franko Ära anknüpfen.

---

[29] Die Zahlen werden gestützt durch den Anteil am Wahlerfolg (1979-1984) von 20% - 25% der linksnationalen Parteien.

4   Konfliktanalyse Nordirland

Nordirland (auch *Ulster*[30] genannt) umfasst rund 14.000 m² und wird im Norden und Osten durch den Nordkanal begrenzt. Südöstlich grenzt Nordirland an die Irische See; südlich und westlich teilt Nordirland seine Grenze mit Irland.

4.1 Geschichte des nordirischen Nationalismus

Es ist schwierig zu bestimmen, welches Datum den Beginn des Konflikts markiert. Ein entscheidender Faktor für den auch *Troubles*[31] genannten Konflikt in Nordirland „ist zweifelsohne die britische Präsenz in Nordirland" (Breuer, 1994, 5). Diese Begann 1169 mit der anglo-normannischen Invasion und wurde 1541 mit der Ernennung Heinrichs VIII. zum König von Irland konsolidiert. Zu dieser politischen Annexion Irlands durch das Königreich von Großbritannien, kam aufgrund der, für eine Übersiedlung günstigen Enge des Nordkanals, eine massive Besiedelung vorwiegend Nordirlands durch schottische Auswanderer. Der Konflikt verschärfte sich zusätzlich als Heinrich VIII. im Jahre 1534 wegen persönlicher Interessen[32] Rom, und damit der katholischen Kirche den Rücken zuwandte und die Angelikanische Kirche mit sich selbst als Oberhaupt gründete (vgl. Breuer, 1994, 5f.). Die Iren waren mehrheitlich katholisch und Heinrich VIII. war nicht in der Lage, die Konfession der Iren zu ändern. Was bis hier als ein ethnisch-religiöser Konflikt gesehen werden kann, wurde noch durch eine dritte Konfliktebene verschlimmert: der sozioökonomischen. Die „(nord)irische Geschichte ist eine Geschichte der Diskriminierung" (Breuer, 1994, 6) der angestammten katholischen Iren. Die *Plantation*[33] brachte diverse ökonomische Verschlechterungen für die Iren mit sich. „Für die einheimische Bevölkerung bedeutete die Plantation vor allem den Abstieg vom freien Bauern zum abhängigen Pächter" (Breuer, 1994, 6). Die Iren versuchten wiederholt sich der britischen Einwanderer, z.B. im „Irischen Aufstand von 1649, dem etwa 110.000 ahnungslose britische Siedler [...] zum Opfer fielen"

---

[30] Der Name Ulster leitet sich aus der ehemaligen Provinz Ulster ab, welche ursprünglich 9 Grafschaften umfasst.

[31] Troubles zu deutsch Mühe, Plage, Schwierigkeiten oder Scherereien

[32] Heinrich VIII wollte sich von seiner Frau scheiden lassen, was im katholischen Kirchenrecht nicht möglich war

[33] Plantation vom englischen plantation (dt. Besiedelung), Bezeichnung für die gezielte Besiedelung und Enteignung irischen Grundbesitzes

(Breuer, 1994, 7), zu entledigen. Keiner dieser Versuche war von dauerhaftem Erfolg gekrönt, sondern vertiefte nur das Misstrauensverhältnis zwischen den britischen Loyalisten und den irischen Unionisten. Tief gruben sich spaltende Ereignisse, wie die *Siege of Derry* (dt. Belagerung von Derry, 1689) als Inbegriff der Bedrohung der Protestanten durch die Katholiken in das Gedächtnis der Konfliktparteien ein (vgl. Dohmen, 2004). Die Rechte der katholischen Iren wurden institutionell, beispielsweise durch die *Penal Laws*[34] stark beschnitten: „der Zugang zu öffentlichen Ämtern war auf Anhänger der Angelikanischen Kirche beschränkt, und der Anteil des Grundbesitzes in protestantischer Hand stieg von 10 % um 1600 auf 90 % 1700" (Breuer, 1994, 7). 1788 feierten die Bewohner Londonderry's, Katholen und Evangelen gleichermaßen, den 100. Jahrestag der Siege of Derry und es schien eine Annäherung in Sicht. Dieses Bild wird getrübt, betrachtet man die gleichzeitige Manifestierung radikaler Bewegungen auf beiden Seiten[35]. Eine Rebellion der United Irishmen zog die Verabschiedung des *Act of Union* (1800) und gleichzeitige totale Entmachtung[36] der Iren nach sich. In der Folgezeit, die von wirtschaftlicher Not gekennzeichnet war[37], bildeten sich parallele Strukturen und Organisationen[38] heraus. „Zwar unternahm die Regierung in London verschiedene Versuche, die antagonistische Situation in Ulster zu entschärfen, doch waren diese entweder halbherzig oder scheiterten im Parlament" (Breuer, 1994, 10). Auch die mit gutem Willen initialisierte Reform des Schulsystems Ende des 19. und Anfang des 20. Jahrhunderts, bei dem getrennte Schulen und Universitäten installiert wurden, verstärkte die Koexistenz und Parallelgesellschaft. Auf beiden Seiten bildeten sich zu Anfang des 20. Jahrhunderts paramilitärische Organisationen heraus. 1913 formierte sich die *Irish Citizen Army*[39] und die *Irish Volunteers*[40], aus deren Reihen sich die 1919 gegründete *IRA*[41] rekrutieren sollte (vgl. Breuer, 1994, 12).

---

[34] Penal Laws (dt. Strafgesetze)

[35] Volunteers (1778), Society of United Irishmen (1791), Orange Society (1795)

[36] Übertragung aller Macht auf das britische Parlament in Westminster

[37] Aber auch schon die Hungerjahre der Great Famine (dt. große Hungersnot) 1845 – 1852 und folgende schlechte Wirtschaftssituation

[38] Insbesondere die loyalistischen Apprentice Boys of Derry (1823), die irisch-patriotische Catholic Association, der irisch-nationalistische Irish Republican Brotherhood (1858) und die irisch-nationalistische Home Rule Bewegung (vgl. Breuer, 1994, 9f.)

[39] Irish Citizen Army (dt. etwa Irische Staatsbürgerarmee; gälisch „Oglaigh na hEireann" (Valandro, 2001, 77)

[40] Irish Volunteers (dt. Irische Freiwillige)

[41] Irish Republican Army kurz IRA (dt. Irisch republikanische Armee)

Auf protestantischer Seite entstanden unter anderem die *Ulster Volunteer Force*[42], welche im Anglo-Irischen Krieg von 1919 bis 1921 ein Hauptakteur war. Dem Befreiungskrieg vorausgegangen war die „Ausrufung der Republik durch die irischen Unterhausabgeordneten, die sich in Dublin als irisches Parlament [...] unter Führung der stärksten Partei, *Sinn Féin*[43]" (Breuer, 1994, 13) konstituierten. Ergebnis des Krieges war der 1920 verabschiedete *Government of Ireland Act*[44]. Dieses Gesetz regelte die Zweiteilung Irlands und die Freistaatlichkeit, allerdings innerhalb des Empire, für die mehrheitlich katholisch bewohnten Gebiete (vgl. Breuer, 1994, 13). Die sechs in der Summe mehrheitlich von Protestanten bewohnten nordirischen Bezirke verblieben - mit eigenem Parlament – innerhalb des Vereinigten Königreichs. „Die nordirischen Protestanten hatten von vornherein keinen Zweifel daran gelassen, daß sie nicht bereit waren, ihre bisherige dominierende Position mit einer konfessionellen Minderheit innerhalb Gesamtirlands zu vertauschen. Sie hatten sogar angedroht, sich notfalls mit Waffengewalt gegen die Einbeziehung ihres Siedlungsgebietes in einen gesamtirischen Staat zur wehr zu setzten" (Waldmann, 1992, 19). Diese Grenzziehung hat bis heute Gültigkeit, vernachlässigt allerdings die realen demographischen Gegebenheiten in Nordirland. Bis zu endgültigen Proklamation der Republik 1937, hieß Irland offiziell Éire (gälisch) und stand formal zumindest teilweise unter Verwaltung des Vereinigten Königreiches. In Nordirland war die Dominanz der Unionisten allgegenwärtig; die Katholiken wurden systematisch ausgegrenzt: Ein gutes Beispiel hierfür sind die Zuschneidung der Wahlbezirke und das Wahlsystem. Die Wahlkreise wurden „so zugeschnitten, daß eine möglichst große Zahl von Katholiken in einem Wahlkreis zusammengefasst wurden, während in protestantisch dominierten Gebieten Wahlkreise mit möglichst geringer Einwohnerzahl eingerichtet wurden" (Breuer, 1994, 19). Das Zensuswahlsystem begünstigte, durch Koppelung des Stimmrechts an Hausbesitz und Steueraufkommen, die reicheren Protestanten. Beispielhaft ist die Kommunalwahl in Londonderry 1967, bei der 14.429 Stimmen von anti-unionistischer Seite und 8.781 Stimmen von unionistischer Seite abgegeben wurden, erstgenannte jedoch nur 8 Mandate und letztere 12 Mandate bekamen (vgl. Breuer, 1994, 19). „Doch sind es weniger die tatsächlichen Auswirkungen dieser Manipulation [...], die zu Verhärtung

---

der Fronten und Radikalisierung der Katholiken führten, sondern vielmehr der bloße Umstand, daß die Unionisten zu solchen Mitteln griffen" (Breuer, 1994, 20). „Auf diese Weise konnten die Unionisten über vier Jahrzehnte weitgehend unbehelligt [...] das gesellschaftliche, politische und wirtschaftliche Leben Nordirland bestimmen" (Breuer, 1994, 20). Die sich aus der Praxis ergebenden Vorwürfe der Katholiken (im Wesentlichen: politische Diskriminierung, Benachteiligung bei der Wohnungs- und Arbeitsplatzvergabe, Special Powers Act) werden durch Statistiken bestätigt (vgl. Waldmann, 1992, 22). Die brutale Niederschlagung der friedlichen Protestmärsche der 1967 gegründeten *Northern Ireland Civil Rights Association*[45] am 5. Oktober 1967 führten zu einem Erstarken der IRA, lenkten den Blick der Weltöffentlichkeit auf den nordirischen Konflikt und beendeten die Hegemonie der Protestanten, da inzwischen auch Reformdruck aus Westminster kam. Die Forderungen der NICRA waren:

- „'one man, one vote';
- Neuordnung der Wahlkreisgrenzen ohne *Gerrymandering*;
- Mechanismen zur Verhinderung von Diskriminierung seitens der öffentlichen Behörden und Körperschaften sowie Einrichtung einer neutralen Beschwerdestelle;
- Aufhebung des *Special Powers Act* und Auflösung der *B-Specials*"[46] (Breuer, 1994, 20)

Daraufhin erschütterte eine „ungeahnte Welle der Gewalt" (Breuer, 1994, 21) das Land: „Die Troubles nahmen ihren Anfang" (Breuer, 1994, 21). Seither ist die Gewalt, mal stärker, mal schwächer, omnipräsent und entzieht sich steuernden Einflüssen von nationaler sowie internationaler Ebene. So auch der anfänglich viel versprechende Reformeifer des Premierministers Terence O'Neill. Er scheiterte an dem Fakt, dass eine, für die Beendigung des Konflikts notwendige, Demokratisierung und Gleichstellung der Protestanten und Katholiken, einen Machtverlust für die Loyalisten mit sich bringt, welcher starke Proteste aus dem eigenen Lager hervorrufen würde (vgl. Waldmann,

---

[45] Northern Ireland Civil Rights Association, kurz NICRA (dt. Nordirische Zivilrechts Organisation)
[46] Erläuterung zu den Forderungen der NICRA:
- 'one man, one vote' (dt. ein Mann eine Stimme);
- Gerrymandering ist die absichtliche, dem Stimmgewinn dienende Manipulation der Grenzen von Wahlbezirken (vgl. Wikipedia);
- der „Special Powers Act, der dem Staat erstmals 1922 [...] Sondervollmachten wie Inhaftierung ohne Gerichtsverfahren, Verhaftung ohne Haftbefehl, [...] usw. gab" (Breuer, 1994, 20);
- B-Specials sind eine rein protestantische Hilfspolizei.

1992, 21). O'Neill musste am 28. April 1969 sein Amt als Premierminister niederlegen (vgl. Breuer, 1994, 23). Nach erneuten Unruhen, welche die Polizei nicht im Stande war unter Kontrolle zu bringen, wurde das nordirische Parlament suspendiert, die B-Specials aufgelöst, die *Royal Ulster Constabulary*[47] entwaffnet und durch britisches Militär ersetzt (vgl. Breuer, 1994, 23). Umfragen stützen die Zerwürfnisse der beiden Lager: 46% (7%)[48] der Protestanten stimmten in einer Umfrage 1984 für die Unterstellung Nordirlands unter Londoner Direktregierung, 15% (1%) für eine protestantische Mehrheitsregierung und noch jeweils 10% für die gemeinsame Regierung Nordirlands durch die Republik Irland und Großbritannien (18%) und nordirische Unabhängigkeit (1%). Die Katholiken präferierten erwartungsgemäß mit 34% (2%) die Vereinigung mit der Republik Irland,

mit 25% (5%) eine Föderation mit der Republik Irland. Lediglich 1% (1%) sah neue Grenzen zur Verringerung des katholischen Bevölkerungsanteils und 5% (7%) eine Machtbeteiligung der Katholiken an der Regierung Nordirlands als Möglichkeit zur Lösung des Nordirlandkonflikts an. Insgesamt 12% gaben einer nicht genannten Lösung der Vorzug. Der größte gemeinsame Nenner ist offensichtlich eine gemeinsame Regierung durch die Republik Irland und Großbritannien.

4.2 I R A

Die IRA entstand 1919 aus der, durch Großbritannien unterstützten, als ungerecht empfundenen Hegemonialstellung der protestantischen Minderheit über eine katholische Mehrheit. Die Wurzeln der IRA liegen in der Organisation Irish Republican Brotherhood. Der Government of Ireland Act wurde als Verrat an den unionistischen Zielen gesehen und so kam es 1922 zum Bürgerkrieg zwischen Vertragsbefürwortern und Vertragsgegner, der mit der Niederlage der Gegner endete. Die IRA ließ von ihren Zielen ungeachtet dessen nicht ab und startete ab 1939 unter Leitung ihres Stabschefs Sean Russel eine Offensive gegen Großbritannien (vgl. Valandor, 2001, 78f.).

---

[47] Royal Ulster Constabulary (dt. Königliche Polizeitruppe von Ulster)
[48] Die Zahlen in Klammern stehen für die Umfrageergebnisse der „Feind-Konfession" bei der gleichen Umfrage

Diese rief jedoch nur eine Gegenoffensive seitens der irischen und britischen Sicherheitskräfte von 1941 bis 1947 hervor, welche nahezu mit einer Zerstörung der Organisation endete. Die im Untergrund verbliebenen Strukturen konnten sich 1949 reorganisieren. Die Bedingungen hatten sich, auch aufgrund der sich neuerlich durch den Austritt Irlands aus dem Commonwealth 1949 ergebenen Rückzugsmöglichkeiten hinter die Irische Grenze, geändert. 1956 initiierte die IRA die *Operation Harvest*[49], welche allerdings scheiterte und 1962 eingestellt werden musste (vgl. Valandro, 2001, 80). Die Operation war militärisch nicht gut organisiert und fand wenig Zustimmung in der Bevölkerung. Die Jahre bis 1969 verliefen ohne Aufsehen erregende Aktionen seitens der IRA. Die Übergriffe der Protestanten im Sommer 1969 „trafen die IRA völlig unvorbereitet" (Waldmann, 1992, 101). Aufgrund interner Ideologie- und Zielstreitigkeiten spaltete sich die IRA 1969 in die Official Irish Republican Army (OIRA), welche sich auf Südirland und den sozialistischen Umsturz konzentrierte und schon nach wenigen Monaten ihren militärischen Flügel aufgab und die Provisional Irish Republican Army (PIRA)[50], welche ihre Kampf mit militärischen Mitteln gegen Großbritannien in Nordirland fortsetzte. Ab „1968/1969 begann eine neue Epoche für die IRA, nämlich der über 30 Jahre dauernde Kampf gegen Großbritannien und die protestantische Mehrheit in Nordirland" (Valandro, 2001, 81). Es folgten verschiedene Anschläge auf Sicherheitskräfte und 1980/1981 der als Hungerstreik von Maze in die Geschichte eingegangene Protest mehrerer Häftlinge gegen die Behandlung als gewöhnliche Kriminelle (vgl. Valandro, 2001, 86). Die Häftlinge forderten als politische Gefangene behandelt zu werden und 10 von ihnen bezahlten das mit ihrem Leben, da sich die Regierung in London unnachgiebig zeigte. Die Aktion lenkte jedoch die Aufmerksamkeit der Weltöffentlichkeit auf das Problem und sicherte der IRA enormen Zuspruch aus der Bevölkerung[51]. Es folgten weitere spektakuläre Aktionen: Im Dezember 1983 detonierte eine Bombe im Londoner Einkaufszentrum „Harrods"; am 12. Oktober 1984 wurde ein Anschlag auf die Premierministerin Margaret Thatcher durchgeführt (vgl. Valandro, 2001, 88). Die Reaktion seitens der Briten war eine Verschärfung der Anti-Terror Gesetze. „Dabei wurden von Seiten der britischen Sicherheitskräfte vom juristischen Standpunkt aus sehr fragwürdige Methoden

---

[49] Operation Harvest (dt. Grenzkampagne)
[50] Provisional Irish Republican Army (PIRA) folgend nur IRA genannt
[51] Die Sinn Féin konnte erstmals nach Jahren wieder in Nordirland kandidieren

angewandt" (Valandro, 2001, 88). Die *Special Air Service*[52] griffen, in Zusammenarbeit mit dem *MI 5*[53], hart durch und „agierten teilweise in einer Grauzone zwischen Legalität und Illegalität" (Valandro, 2001, 89). Gleichzeitig wurde die IRA, durch das zwischen Thatcher und Irlands Regierungschef Garret Fitzgerald vereinbarte Hillsborough-Abkommen weiter in die Enge getrieben. Das Abkommen regelte eine verstärkte Zusammenarbeit der beiden Länder zum Schutz der Grenzen zwischen Nordirland und Irland, bedrohte also das Rückzugs-, Regenerations- und Rekrutierungsgebiet der IRA. Seit 1992 ist die IRA mehr oder weniger konstant in Kooperation mit ihrem politischen Flügel, der Sinn Féin in Friedensverhandlungen mit der Regierung aus London und Dublin. Die Streitfrage ist die, von der britischen Regierung als Forderung gestellte, Auslieferung der Waffen, worin die IRA aus Angst der Entmachtung nicht einzuwilligen bereit ist. Die Verhandlungsbereitschaft führte wiederum zur Abspaltung zweier fundamentalistischer Gruppen der IRA, der *Real Irish Republican Army*[54] und der *Continuity Irish Republican Army*[55] (vgl. Valandro, 2001, 91). Die RIRA führte ab 1998 auch Anschläge durch, verfügt jedoch scheinbar nicht über ausreichend Ressourcen, um Gewaltakte im Umfang der IRA durchzuführen. Das Belfast Abkommen, welches „den Postulaten der Gleichberechtigung der Gruppen, der Rechtsstaatlichkeit der Institutionen und der Friedensverträglichkeit des öffentlichen Lebens Genüge tun soll" (Gromes/Moltmann/Schoch, 2004, 14) schlägt einen viel versprechenden Weg in Richtung Frieden ein, offenbart aber auch das tiefe Misstrauen zwischen den Konfliktparteien. Die *Independent Monitoring Commission*[56] kommt in ihrem dritten Bericht zu folgendem Schluss: "Some paramilitary groups have scaled back the intensity of their activity but none have materially wound down their capacity to commit violent or other crime. Dissident republican groups are the most committed to continuing terrorism"[57] (Alderdice/Brosnan/Grieve/Kerr, 2004, 44). Das international hoch gelobte Belfast Abkommen kämpft "seit vier Jahren […] gegen die gesellschaftliche Verwerfung an" (Moltmann, 2002, 46).

---

[52] britische Antiterroreinheit (kurz SAS)

[53] britischer Geheimdienst

[54] Real Irish Republican Army (kurz RIRA)

[55] Continuity Irish Republican Army (kurz CIRA)

[56] Independent Monitoring Commission (dt. Unabhängige Überwachungs Kommission), eingesetzt zur Überwachung paramilitärischer Aktivitäten

[57] Einige der paramilitärischen Gruppen haben die Intensität ihre Aktivitäten zurückgestuft, aber keine hat ihre materiellen Kapazitäten gewalttätige oder kriminelle Handlungen zu begehen gedrosselt. Systemkritische republikanische Gruppen sind der Fortführung des Terrorismus am treusten.

4.2.1 Ziele, Ideologie

Das Primärziel der militärischen IRA Fraktion, um die es hier im Wesentlichen geht, konkurriert mit mehreren, dem Hauptziel jedoch weitgehend untergeordneten Sekundärzielen. Das wichtigste Ziel war und ist: „Das Ziel [...] [ist, J.L.] ein vereinigtes Irland ohne Engländer" (Multhaupt, 1988, 263) oder allgemeiner: „Als Leitidee fungiert eine negative Vorstellung, nämlich die Ablehnung einer britischen Einflußnahme auf die Insel in jedweder Form" (Waldmann, 1992, 103). Eines der intensivst intern diskutierten Ziele war das der sozialistischen Revolution. Es polarisierte so stark, dass die IRA sich 1969 in einen militärischen, an der Vereinigung Irlands interessierten (PIRA, siehe 4.2) und einen mehr an marxistischer Revolution der Arbeiterklasse ausgerichteten Flügel (OIRA, siehe 4.2) spaltete. Das Ziel der Unionisten wird im Namen der katholischen Mehrheit (auf Gesamtirland bezogen), also dem moralischen Ziel, der am Wohl der Katholiken interessierten Vertretung der Ethnie[58] verfolgt. Anders ausgedrückt sieht sich die IRA, besonders vor dem Hintergrund der „Abwesenheit im Augenblick größter Gefahr" (Waldmann, 1992, 101) beim Angriff protestantischer Schlägertrupps auf Republikaner 1969, in der Pflicht, der von den größtenteils protestantisch besetzten Sicherheitskräften vernachlässigten Aufgaben, dem Schutz der Katholiken, nachzukommen. Die IRA sieht sich in der Tradition anderer antiimperialistischer Freiheitsbewegungen in der sog. Dritten Welt. Als die IRA 1972 in Friedensgespräche mit der britischen Regierung eintrat, stellte sie folgende Forderungen: „Freilassung aller Internierten; Aufhebung des Special Powers Act; Zulassung der *PSF*[59] in Ulster; Aufhebung des Treueids auf die Krone für öffentliche Ämter [,was jeden Protestanten faktisch zum Selbstverrat zwang, J.L.] und Einführung des Verhältniswahlsystems für alle Wahlen in Nordirland" (Multhaupt, 1988, 273). Man muss hier feststellen, dass bereits eine Verhandlungsbereitschaft mit der Krone eine Verweichlichung und Abrückung von dem Fernziel der Vereinigung war und nur nach zähen Diskussionen innerhalb der IRA eine Verständigung möglich war. Diese Politisierung kam durch eine Erneuerung der Führungsspitzen durch junge Kader, welche dem Klassenkampf auch mit politischen Mitteln größeres Gewicht einräumten.

---

[58] Der Begriff soll hier in Form des, auf diversen Faktoren beruhenden, realen Zugehörigkeitsgefühls vieler Menschen auf einem fest umrissenen Territorium zu einer Religion/Tradition/Kultur benutzt werden.
[59] Provisional Sinn Féin (dt. Provisorische Sinn Féin, kurz PSF)

Die junge Generation hatte im Hungerstreik gelernt auf eine breite Unterstützung seitens der Protestanten bauen zu können und wollte die Arbeiterklasse verstärkt über politische Ziele mobilisieren. Die PSF hatte schon 1969 die Obstruktion[60] des Parlaments aufgegeben. „In den 70er Jahren entwarf der Führungsstab der IRA das Zukunftsmodell eines auf christlichen Grundsätzen beruhenden, föderalistischen Staatsgebildes, in dem Banken, Versicherungen und Schlüsselindustrien von der öffentlichen Hand verwaltet" (Waldmann, 1992, 103) werden sollte. Die Sprache nimmt zwar nicht einen zentralen Themenpunkt innerhalb der Ziele der IRA ein, die IRA befürwortet jedoch die gälische Sprache als Amtsprache für eine gesamtirische Republik.

4.2.2 Organisation

Die IRA ist streng hierarchisch strukturiert. „Oberste Autorität ist in der Theorie die Allgemeine Armee-Versammlung, die „General Army Convention"" (Muthaupt, 1988, 228). Sie tritt nur in Friedenszeiten, deshalb selten, zusammen und wählt das Exekutivkomitee, welches den Armeerat „*Army Council*"[61] ernennt. Der Armeerat hat faktisch die Macht und Entscheidungsgewalt inne, organisiert alle Aktionen und fällt wichtige Entscheidungen. „Dem Armeerat unterstellt sind das Kommando Nord und das Kommando Süd, dann die Brigaden[62], die Bataillone[63] und sonstige Einheiten" (Multhaupt, 1988, 228). Außerdem bestimmt der Armeerat das „*General Headquarters Staff*"[64], welcher sich um disziplinäre Fragen, Ausbildung, Logistik, Nachrichtendienst, Finanzen und Waffenbeschaffung kümmert (vgl. Multhaupt, 1988, 230 und Organigramm 1). Die wichtigste Institution ist also der Armeerat, welcher sich überwiegend aus Bewohnern Nordirlands zusammensetzt. Die IRA operiert überwiegend in Nordirland, und so macht es Sinn ortskundige Führer und Organisatoren zu wählen. Seit 1977 soll an die Stelle dieses „durchsichtigen, von den Sicherheitskräften leicht

---

[60] Obstruktion: Verhinderung/Verzögerung von parlamentarischen Entscheidungen durch Missbrauch legaler Mittel.
[61] Army Council (dt. Armeerat)
[62] Eine Brigade (bestehend aus 1.400 - 4.200 Soldaten) ist der kleinste, aus mehreren Truppengattungen organisch zusammengesetzter Großverband (vgl. Wikipedia)
[63] Das Bataillon (bestehend aus 300 - 1.200 Soldaten) ist der kleinste militärische Verband. In ihm sind mehrere Kompanien einer Truppengattung, aber zum Teil unterschiedlicher, sich ergänzender Ausrüstung zu einer organisch zusammengesetzten Truppe vereinigt (vgl. Wikipedia)
[64] General Headquaters Staff (dt. Stab des Hauptquatiers)

auskundschaftbaren und infiltrierbaren Aufbaus ein System anonymer, voneinander isolierter Zellen von je drei bis fünf Mann unter zentraler Leitung" (Waldmann, 1992, 108) getreten sein. Die Untergrundaktivitäten bedingen diese Umstellung zu *„Active Service Units"*[65] und so lässt sich heute schwer sagen, wo die Machtkonzentration innerhalb der Organisation am größten ist. Außerhalb der reinen Gewaltanwendung nimmt die Organisation auch von den Behörden in katholischen Ghettos vernachlässigte Aufgaben[66] war. Die Ressourcenausstattung der Bewegung war aufgrund der meist mittellosen Anhänger immer schwierig. Die knappe Finanzierung wird durch Exil-Iren besonders in Amerika, Spenden aus Irland und (un-) freiwillig eingezogene Spenden der nordirischen Katholiken sichergestellt. Weiterhin verfügt die IRA über legale Geschäftszweige, wie die *„Black Taxis"*[67] oder *„Drinking Clubs"*[68], mit denen sie einen erheblichen Teil ihrer Ausgaben decken kann (vgl. Multhaupt, 1988, 338). Ein nicht unerheblicher Teil der Einnahmen kommt durch Raubüberfälle, Erpressung und ähnliche kriminelle Aktivitäten zu Stande, wobei dieser sicherlich am schwierigsten zu messen ist und die Aussagen über kriminelle Geldbeschaffung daher wage sind.

4.2.3 Strategie

Die den IRA Anschlägen zugrunde liegende Idee, ist die der „Gewaltspirale". „Sie diene dazu, diesen [den Kontrahenten, Großbritannien, J.L.] zu verunsichern und in die Defensive zu drängen; und sie soll ihn zusätzlich zu maßlosen Vergeltungsmaßnahmen reizen, durch die sich das Kolonialregime der einheimischen Bevölkerung entfremde und diese dazu bringe, sich mehr und mehr auf die Seite der Rebellen zu stellen" (Waldmann, 1992, 103). Parallel dazu soll den Sicherheitskräften schwere Schäden zugefügt werden, welche in Großbritannien den Willen zum Abzug verstärken und Nordirland soll für Investitionen so unattraktiv wie möglich werden: „Ulster [soll, J.L.] so unregierbar wie möglich gemacht werden" (Muthaupt, 1988, 297).

---

[65] Active Service Units (dt. Tätige Dienst-Einheiten)
[66] Aufrechterhaltung der Ordnung: Aufgaben reichen von Abfallbeseitigung, Schlichtung von Familienstreitigkeiten, Unterbindung der Drogenkonsums bis zur Verfolgung von Straftaten, insbesondere in den sog. „No Go Areas" (dt. etwa Sperrzonen) für Protestanten
[67] Black Taxis (dt. schwarze Taxis), ersetzten seit 1971/72 die städtischen Verkehrsbetriebe in den sog. „No Go Areas" (vgl. Multhaupt, 1988, 338)
[68] Drinking Clubs (dt. Trink-Klubs) Ende der 70'er Jahre illegal gegründet und später unter Strohmännern legalisiert (vgl. Multhaupt, 1988, 340)

Das Mittel zur Machtausübung ist die terroristische Gewalt. Dabei ist die „mediale Aufmerksamkeit" (Valandro, 2001, 90) von unverzichtbarem Wert. Anschläge in Großbritannien und auf „Prestige-Angriffsziele" (Multhaupt, 1988, 297) werden hauptsächlich wegen der starken Berichterstattung durchgeführt. Gewaltaktionen in Nordirland haben dagegen eine geringe Strahlungswirkung auf das Festland. Dabei werden Anschläge gezielt gegen Repräsentanten des nordirischen- und britischen Staats gerichtet, wobei Kollateralschäden in Kauf genommen werden. Eine zweite Strategie dient der Verteidigung der Katholiken, hierbei werden bewusst auch Zivilpersonen, bzw. Personen anderer radikaler Organisationen angegriffen. Die IRA benutzt seit den starken Resonanzen des Hungerstreiks 1981 eine politisch-militärische Doppelstrategie. Während die IRA ihren Kampf militärisch weiterführt, bemüht sich die Sinn Féin um die Gunst der Anhänger und um Propaganda: Die IRA sieht „in ihrem politischen Flügel [...] den wichtigsten Träger für ihre Propaganda" (Muthaupt, 1988, 319).

4.2.4 Opfer und Täter

Die Sozialstruktur der Mitglieder ist von der dominanten Unterschicht geprägt: „Die PIRA ist eine Organisation der Arbeiterklasse; ihre Basis hat sie in den Ghettos der Städte und in den ärmeren ländlichen Gebieten" (Muthaupt, 1988, 232). Intellektuelle, studentische Revolutionäre werden mit Misstrauen behandelt. „Der durchschnittliche Freiwillige der PIRA ist jung[69], umsichtig, intelligent, diszipliniert und gehört meistens zu den Jahrgangsbesten seiner Abschlußklasse" (Muthaupt, 1988, 232). Aufgrund der hohen Arbeitslosigkeit in den katholischen Ghettos, hat die IRA keine Schwierigkeiten Nachwuchs zu rekrutieren. Die IRA kann die Geeignetsten aussuchen und schulen. Den Aspiranten ist dabei durchaus klar, dass sich ihnen keine herausragenden Verdienstmöglichkeiten bieten. Von vorn herein wird ihnen verdeutlicht, dass ihre Mitgliedschaft bei der IRA höchstwahrscheinlich mit dem Tod, oder einer langjährigen Haftstrafe endet. Allerdings bietet die IRA Aufstiegsmöglichkeiten, die den meisten Katholiken außerhalb der Organisation verwehrt bleiben würden. Die Anwärter auf einen Platz in der IRA wurden in einem Umfeld sozialisiert, in dem die IRA großes Ansehen genießt und das System des britischen Staats so verhasst ist, dass „alle Mittel

---

[69] 50% unter 21 Jahren, 20% zwischen 21 und 25 Jahren, 11% älter als 30 Jahre (Multhaupt, 1988, 235)

gerechtfertigt erscheinen, es zu zerstören. Sie sind seit ihrer Kindheit mit der Vorstellung aufgewachsen, daß die PIRA die legitime Verkörperung des organisierten Volkswiderstandes gegen die britische Herrschaft in Irland ist" (Multhaupt, 1988, 233). Weiterhin sind die Mitglieder nicht überdurchschnittlich psychisch verhaltensauffällig, eher unterdurchschnittlich, da die IRA strenge Auswahlverfahren durchführt. Die Mitglieder verstehen sich als Soldaten (vgl. Waldmann, 1992, 113), die im Kriegszustand mit einer Besatzungsmacht stehen und wählen daher ihre Ziele sorgfältig aus: „Die Aktivitäten der PIRA richten sich vornehmlich gegen Mitglieder der Sicherheitskräfte und Repräsentanten der Protestant Ascendancy sowie des britischen Staates" (Breuer, 1994, 68). Die Gewalt richtet sich auch gegen Kollaborateure, wobei die IRA einen weiten Kollaborationsbegriff, unter den auch Informanten und Zulieferer für Sicherheitsbehörden fallen. Die Zahl der zivilen Opfer ist trotzdem gering[70]. Ziele sind solche Personen mit einem hohen Prestige, die britische Armee, nordirische Sicherheitskräfte, Justizbeamte, kommerzielle Zentren, der Staat Großbritannien als solcher und Kollaborateure (vgl. Multhaupt, 1988, 297-318).

4.2.5 Rückhalt in der Bevölkerung

Die IRA genießt einen soliden Rückhalt in der Bevölkerung: „Von Kennern der Situation wird ihr immer wieder bescheinigt, einen sicheren Rückhalt in einem beträchtlichen Sektor der katholischen Bevölkerung zu haben, in dieser fest verwurzelt zu sein" (Waldmann, 1992, 110). Die IRA vertritt aus ihrem Selbstverständnis heraus den Kampf gegen die britischen Besatzer.

Die Besatzungssituation wird von einem großen Teil der katholischen Bevölkerung ähnlich eingeschätzt. 46,3 % Bezeichnen die IRA Mitglieder als Patrioten und Idealisten (vgl. Multhaupt, 1988, 335) und noch im Jahre 2003 befürworten 49% der nordirischen Katholiken die Vereinigung mit Irland (ARK, 2003[71]). Betrachtet man die Wahlergebnisse der eindeutig der IRA zugeordneten Sinn Féin, kann man auf eine steigende Zustimmung im unionistischen Lager für die IRA schließen (vgl. Tabelle 1).

---

[70] 37,4% von 1969 bis 1989 gemittelt (Breuer, 1994, 68)
[71] http://www.ark.ac.uk/nilt/2003/Political_Attitudes/NIRELAND.html

Aber nicht nur die Ziele werden unterstützt. Die IRA nimmt auch wichtige administrative Aufgaben war: „they [IRA, J.L.] are seen as necessary to police these areas, to control crime and anti-social behavior"(Smith, 1995, 93) und sichert sich auf diese Weise Sympathien in der republikanischen Bevölkerung. Der Eindruck der breiten Unterstützung wird durch Ereignisse wie den Hungerstreik von Maze (vgl. 2.4) und die darauf folgende „enorme Resonanz" (Valandro, 2001, 86) gestützt. Die Literatur, welche sich mit dem Konflikt und der IRA beschäftigt, ältere als auch neuere, kommen einheitlich zu dem Schluss, die IRA könne auf einen soliden Rückhalt in der Bevölkerung bauen. Statistiken bestätigen dieses Bild. Der Hinweis, den Waldmann an dieser Stelle gibt: „Andererseits ist es dem aufmerksamen Beobachter nicht entgangen, daß die Beziehung zwischen der Ghettobevölkerung und den Freiheitskämpfern keineswegs Spannungsfrei ist" (Waldmann, 1992, 111), erübrigt sich, da klar sein dürfte, dass trotz großer Unterstützung für die Ziele der IRA (vgl. 4.2.1), die Mittel der Gewaltanwendung zur Erlangung dieser nicht unkritisiert von der Bevölkerung akzeptiert werden. Unter anderem die zunehmenden Wahlerfolge der Sinn Féin sprechen jedoch zumindest für eine latente Akzeptanz von Seiten der Bevölkerung; immerhin hat sich die Sinn Féin bis heute nicht von der violenten Zielverfolgung distanziert und veröffentlicht IRA Statements auf ihrer Homepage im Internet (vgl. http://www.sinnfein.ie/peace/ira_statements).

5 <u>Vergleich</u>

Vergleicht man die IRA und die ETA fällt auf, dass sich eine Reihe verwandter Züge erkennen lassen. Einige Merkmale sind unterschiedlich oder unterscheiden sich in der Intensität der Ausprägung, „es überwiegen jedoch die Gemeinsamkeiten" (Waldmann, 1992, 153).

Der Vergleichsaspekt der historischen Konfliktentwicklung ist ein Beispiel für die unterschiedliche Ausprägung eines in den Grundzügen ähnlichen Merkmals. Die Intensität der Repression aus denen sich die beiden Gewaltorganisationen entwickelten, ist im Baskenland ungleich höher. Waren die Wahlverhältnisse oder Berufschancen für Katholiken in Nordirland schlechter als für Protestanten und Zeichen für die strukturelle Gewaltausübung, so waren die Repressionen unter Franko eine direkte Bedrohung für die Ethnie und führten anders als im demokratischen Nordirland zu konkreten Existenzängsten. Die Basken wurden direkt bedroht und nicht wie die Katholiken nur durch systemimmanente Ungerechtigkeiten benachteiligt. „Die Krise der kollektiven baskische Identität wurde zudem durch ökonomische Veränderungen sowie massive Zuwanderung spanischer Arbeitsmigranten während der Franco-Diktatur verstärkt" (Valandro, 2001, 108). Unterschiedlich ist die Tradition des Widerstands zu beurteilen. Die IRA kann sich im Gegensatz zur ETA auf Vorgängerorganisationen, wie den *Irish Republican Brotherhood*[72] mit langer Widerstandstradition berufen. Beide Bevölkerungsgruppen nehmen den britischen bzw. spanischen Staat als Besatzungsmacht wahr. In sozioökonomischer Hinsicht verhalten sich die beiden Konflikte nahezu spiegelbildlich. Mussten die Basken unter Franko, aufgrund ihrer ökonomischen Vorreiterrolle hohe Abgaben zur Finanzierung anderer unterentwickelterer spanischer Regionen zahlen, wurden die Katholiken in Nordirland systematisch ökonomisch unterdrückt. Hier gibt es Unterschiede in der Wahrnehmung der Art der Diskriminierung. Die Republikaner fühlen sich in sozialen-, politischen- und ökonomischen Aspekten benachteiligt, während die Basken sich direkter, politischer Unterdrückung ausgesetzt sahen. Beide Gruppen sehen das Mittel der Gewalt als legitim zur Bekämpfung der Bedrohung an (vgl. Valandro, 2001, 109).

---

[72] Irish Republican Brotherhood (dt. irisch-republikanische Bruderschaft, kurz IRB)

Der Außendruck auf die Ethnien und die gescheiterten Versuche einer politischen Lösung[73] sind fundamentale Antriebsmomente für eine Gewaltanwendung. Im Bereich der Ziele und Ideologien sind die Gemeinsamkeiten der Entstehung offensichtlich. Beide Organisationen entstammen der radikalen, nationalistischen Tradition. „Die ideologischen Wurzeln beider Organisationen sind im radikalen baskischen bzw. irischen Nationalismus zu finden" (Valandro, 2001, 120). Außerdem streben beide eine Abspaltung vom vermeintlichen Besatzer an. Diese separatistischen Haltungen führen bei der ETA zu der Forderung nationaler Souveränität in einem eigenen Staat und bei der IRA zu der Forderung nach Integration in den irischen Staat. Bemerkenswert ist auch die fast zeitgleiche Übernahme sozialistischen Gedankenguts in den ideologischen Katalog. Jeweils führte die dadurch entstandene Differenz im Spannungsfeld Nationalismus versus Sozialismus, zu einer Aufspaltung in zwei Organisationen, wobei die nationalistische (ETA-militar und Provisional IRA) weiterhin auf Gewalt setzte und die sozialistische (ETA-político-militar und Official IRA) politisch aktiv wurde. Der Abspaltungsprozess verlief weitgehend gleich und führte auch zu den gleichen Ergebnissen. Es setzten sich die nationalistischen Bewegungen durch und integrierten sozialistisches Gedankegut. Die Analyse es würde sich bei den staatlichen Kontrahenten um Besatzer handeln, verleitete die ETA und die Basken sowie die IRA und die Katholiken zur Übernahmen der Theorie vom internen Kolonialismus. Die Ideologien der ETA und IRA können seit den 70er Jahren als deckungsgleich angesehen werden. Die Organisationen sind von ihrem Aufbau ähnlich strukturiert. Beide Organisationen verfügen über ein Statut, indem die Organe in ihrer Funktion und hierarchischen Anordnung genau beschrieben sind. Der Wandel hin zu kleinen autonomeren Terroristengruppen erfolgte aus der Einsicht in die leichte Infiltrierbarkeit und Unterwanderung der Organisationen. Gut ausgebildete Einheiten von 3 bis 5 Personen, die keine Kenntnis von den jeweils anderen haben, sind effektiver einsetzbar und durch die soziale Bindung der Mitglieder schwerer auszuspionieren. Die Ressourcenbeschaffung funktioniert ebenfalls vergleichbar. Kriminelle Aktivitäten spielen bei ETA und IRA genauso eine Rolle, wie die finanzielle Unterstützung durch die Ethnien. Einziger Unterschied ist die selbstständige Berufsausübung der Aktivisten. Die ETA muss viele ihrer Mitglieder im Gegensatz zu IRA nicht unterstützen, da sie

---

[73] Im Falle der Basken die Exilregierung und im Falle der Nationalisten Nordirlands die Bürgerrechtsbewegungen

einem legalen Beruf nachgehen und nur für Einsätze in die Rolle der Terroristen schlüpfen. Wichtig für beide Verbände ist das Rückzugsgebiet hinter der französischen, bzw. irischen Grenze zur Ausbildung, Erholung, Reorganisation und Materiallagerung. Die ETA verfolgt wie die IRA die Guerillataktik, mit dem Ziel eine Gewaltspirale in Gang zu setzten, welche wiederum eine massive Repression des Staates hervorruft. Aufgrund dieser Repression, so die Prämisse, würde sich die Ethnie dem Kampf anschließen und eine Massenbewegung würde entstehen. Die ETA machte sich vor allem taktisch erprobte Konzepte anderer Aufstände zu nutze und passte diese an die Situation im Baskenland an, während die IRA auf eigene Erfahrungen bauen konnte. Die Taktik der Spirale der Gewalt hat sich in beiden Fällen nicht bewährt und so gingen ETA und IRA zu einem durch kontinuierliche Gewaltanwendung geprägten Zermürbungskrieg über. Auch der Aktionsradius erweiterte sich mit zunehmender Professionalität. Auch die, für beide Organisationen extrem wichtige mediale Präsenz hängt eng mit der Ausweitung des Einsatzgebietes zusammen. Anschläge außerhalb des Ursprungsgebietes sichern Aufmerksamkeit in den Medien; der Umgang mit letzteren kann als routiniert und professionell bezeichnet werden. Anschlagsziele bieten meist Repräsentanten des Staates, aber auch Kollaborateure; Kollateralschäden, also zivile Opfer werden nicht gewollt provoziert, jedoch in Kauf genommen. Die Attentäter rekrutieren sich überwiegend aus der Unterschicht und im Falle der ETA der unteren Mittelschicht. Der gesamte Mitgliederumfang schwankt stark, bewegt sich jedoch in Grenzen von circa 150, zum Erhalt der Organisation notwendigen Mitglieder, bis zeitweise 1000 Mitgliedern. Spätestens seit den 70er Jahren wurden beide Organisationsstrukturen auf Effizienz und Schlagkraft, aus oben erläuterten Gründen, umgestellt. Die Mitwirkenden in der ETA und IRA sind überwiegend junge Männer, die sich nicht spontan, sondern nach längerem Abwägen dafür entscheiden der Organisationen beizutreten. Es gibt keine Hinweise darauf, dass diese durch pathologische Züge besonders Verhaltensauffällig sind. Die Etarras und IRA Aktivisten verstehen sich als Soldaten und verbinden diese Selbsteinschätzung mit einem Ehrgefühl und Ehrenkodex, der sie klar von gewöhnlichen Kriminellen abgrenzt. Die soziale Umwelt der Organisationen gliedert sich in drei Segmente (vgl. Waldmann, 1992, 157f.). Die ersten 10% - 30% der jeweiligen Ethnien setzten sich aus Anhängern, Gefolgsleuten und Sympathisanten zusammen. Sie bilden den lebenswichtigen Kern der

Organisation. Der Rest der Ethnien ist indirekt nicht minder wichtig. Es ist der Teil der Bevölkerung, der aktiv nichts mit der ETA oder IRA zu tun haben will, ihre Ziele befürwortet, sie nicht an die Polizei ausliefert, das Mittel zum erreichen der Ziele jedoch nicht für gut heißt. Man könnte sie als Mitwisser bezeichnen, welche die Organisation durch Passivität unterstützen und sie gewähren lassen. Das dritte Segment bilden die Gegner der Organisationen. Hier kann man einen entscheidenden Unterschied zwischen ETA und IRA ausmachen. Während sich die ETA, mit Ausnahme der GAL, nur mit den Sicherheitskräften des spanischen (und französischen) Staates konfrontiert sieht, kämpft die IRA gleichzeitig noch gegen protestantische Milizen. Die Konflikte unterscheiden sich also durch ihren bi- bzw. tripolaren Charakter. Das Verhältnis zwischen ETA und der baskischen Bevölkerung scheint ungleich komplexer und stärkeren Schwankungen unterlegen, als das der IRA zu der katholischen Minderheit in Nordirland. Wird der IRA von allen Seiten ein konstanter und solider Rückhalt in der Bevölkerung bescheinigt, hatte die ETA seit Ende der Franko Diktatur mit Protesten aus der baskischen Bevölkerung und einem unzuverlässigen Rückhalt zu kämpfen. Zwei Aspekte sind für diese Entwicklung maßgeblich. Mit zunehmender Demokratisierung des spanischen Staates und Wegfall des eigentlichen Aggressors Franko, sahen die gemäßigten Mitglieder und Unterstützer der ETA keinen Grund mehr für die Fortsetzung des bewaffneten Kampfes, oder plädierten zumindest für ein Abweichen vom starren Kurs des exklusiven Mittels der Gewalt zur Zieldurchsetzung. Gleichzeitig kommt ein zweiter, von der ETA selbstverschuldeter Aspekt hinzu: die Ausweitung des Aktionsspektrums auf systematische Gewaltanwendung. Diese, von der baskischen Bevölkerung als übertrieben empfundenen Violenz wurde mit Unverständnis und Abwendung von der ETA quittiert. Die gleichzeitige Verbreitung von Angst, z.B. durch Schutzgelderpressung und Entführungen, in der eigenen Ethnie, kostete die ETA viele Fürsprecher. Seit den 70er Jahren konnte die IRA ihren Rückhalt in der katholischen Bevölkerung stärken oder zumindest beibehalten, während die ETA viele Stimmen einbüßte. Als gebrochen kann die Unterstützung jedoch nicht bezeichnet werden. So holte die „*Kommunistische Partei der Baskischen Völker*", welche als Nachfolgepartei der verbotenen Herri Batasuna gilt, bei den baskischen Parlamentswahlen am 17.4.2005 aus dem Stand 9 von 75 Mandaten, also 12% der Stimmen (vgl. Elvers, 2005). Wegen der viele Parallelen zwischen IRA und ETA stehen die Organisationen seit den 70er

Jahren in regem Kontakt. Der anfänglich auf Austausch von Waffen, also materiellen Interessen beruhende Kontakt weitete sich schnell zu einer Kooperation auf allen Ebenen aus. Die ETA schickte Rebellen aus ihren Reihen in Ausbildungslager der IRA nach Irland, beide besuchten zusammen verschiedene Ausbildungslager im Jemen, Libanon und Libyen, tauschen strategische Innovationen und Kontakte zu anderen Rebellenorganisationen unterschiedlichster Art aus und pflegen regelmäßigen Kontakt durch Treffen der Führungsspitzen. Beispielhaft ist der Druck, den der Abschluss des Nordirlandfriedensabkommen auf die ETA ausübte. Nachdem die IRA 1998 eingelenkt hatte, sah sich auch die ETA, etwas später im gleichen Jahr, nach einem informellen Treffen mit der IRA zu einem Waffenstillstandsabkommen verleitet.

6 <u>Schlussbemerkung</u>

Es lässt sich eine bemerkenswerte Ähnlichkeit zwischen den Organisationen feststellen. Auch wenn sich die betrachteten Regionen wirtschaftlich unterscheiden, die Konflikttradition unterschiedlich lang ist und die Abgrenzungsmerkmale der Ethnizität verschieden sind, ist „in der konkreten Ausprägung die Formierung der Abgrenzungskriterien sowohl im Baskenland als auch in Nordirland nach ähnlichen Mustern verlaufen" (Valandro, 2001, 233) und außer der bi- und tripolaren Konfliktkonstellation gibt es viele parallele Gemeinsamkeiten. Die Mythologisierung als Stärkung der Nationalismen spielt für beide Konflikte eine wichtige Rolle, woraus sich auch die Fähigkeit beider ableitet für steten Mitgliedernachschub zu sorgen. Insbesondere die Implementierung sozialistischen Gedankenguts nahm einen fast gleichen Verlauf, jeweils mit demselben Ergebnis: Spaltung der Organisationen. Der Vergleich hat gezeigt, dass beide Organisationen sowohl in der historischen Entwicklung, in den verwendeten Strategien, der Organisationsstruktur sowie im ideologischen Bereich eindeutige Vergleichsmerkmale aufweisen. Die Entwicklung der politischen Aktivitäten ist deutlich ähnlich. In ihren Zieldefinitionen haben es beide Organisationen auf eine Umkehrung der bestehenden Herrschaftsverhältnisse zu ihren Gunsten in einem eigenen Staatengebilde, welches die Ethnien zusammenfasst, abgesehen. Auch wenn Unterschiede deutlich zu erkennen sind, überwiegen die Gemeinsamkeiten.

7 <u>Literaturverzeichnis:</u>

Buchtitel oder Sammelbände:

1. Clark, Robert P.: The Basque Insurgents. 1. Aufl. Wisconsin: The University of Wisconsin Press, Ltd., 1984

2. Kasper, Michael: Baskische Geschichte in Grundzügen. 1. Aufl. Darmstadt: Wissenschaftliche Buchgesellschaft Darmstadt, 1997

3. Multhaupt, Wulf F.: Die Irisch-Republikanische Armee (IRA). Von der Guerilla-Freiheitsarmee zur modernen Untergrundorganisation. 1. Aufl. Bonn: Rheinische Friedrich-Wilhelms-Universität, 1988

4. Payne, Stanley G.: Basque Nationalism. 1. Aufl. Reno (Nevada): University of Nevada Press, 1975

5. Smith, M. L. R.: Fighting for Ireland? The military strategy of the Irish Republican movement. 1. Aufl. London/New York: Routledge, 1995

6. Sullivan, John: ETA and Basque Nationalism. The fight for Euskadi 1890 - 1986. 1. Aufl. London: Routledge, 1988

7. Valandro, Franz: Das Baskenland und Nordirland. Eine vergleichende Konfliktanalyse. 1. Aufl. Innsbruck: Studien Verlag Ges.m.b.H., 2001

8. Waldmann, Peter: Ethnischer Radikalismus. Ursachen und Folgen gewaltsamer Minderheitskonflikte am Beispiel des Baskenlandes, Nordirlands und Quebecs. 1. Aufl. Opladen: Westdeutscher Verlag, 1992

Zeitschriftenartikel:

9. Gromes, Torsten/Moltmann Bernhard/Schoch, Bruno: Nordirland: Konflikt de luxe? , in: Report (2004), Nr. 9, S. 13 – 20

10. Moltmann, Bernhard: »Es kann der Frömmste nicht im Frieden bleiben...«. Nordirland und sein kalter Frieden, in: Report (2002), Nr. 8, S. 1 – 49

Beiträge in Sammelbänden:

11. Breuer, Manfred: Nordirland. Eine Konfliktanalyse, in: Pfetsch, Frank R. (Hrsg.): Heidelberger Studien zur internationalen Politik. Band 6. Münster: LIT Verlag, 1994

12. Hirschberger, Renate: Baskenland, in: Microsoft Encarta Enzyklopädie Professional 2004 (Version 13.0.0.0531): Redmond (U.S.A.), 2003

7.1 Dokumente, Quellen und Gesetzestexte:

Internetmaterialien:

1. Alderdice, John/ Brosnan, Joe/ Grieve, John/ Kerr, Dick: Third Report of the independent monitoring commission. 04.11.2004 http://www.independentmonitoringcommission.org/publications.cfm?id=21 Zugriffsdatum: 02.05.2005

2. ARK. Northern Ireland social and political archive - http://www.ark.ac.uk/ (Die jeweiligen Links sind als Quellen bei den dazugehörigen statistischen Daten angemerkt) Zugriffsdatum: 06.05.2005

3. Dohmen, Anja: Nordirlandkonflikt. 17.09.2004 http://www.histinst.rwth-aachen.de/default.asp?documentId=81 Zugriffsdatum: 30.04.2005

4. Elvers, Julia: Rückschlag für den baskischen "Freistaat". 18.04.2005

5. http://www.dw-world.de/dw/article/0,1564,1553342,00.html# Zugriffsdatum: 21.04.2005

6. García-Ziemsen, Ramón: Die Geschichte der ETA: Vom Widerstand zum Terror. 11.03.2004 http://www.dw-world.de/dw/article/0,1564,1138729,00.html Zugriffdatum: 21.04.2005

7. Glaap, Oliver: Wahl im spanischen Baskenland, Rückschlag für Ibarretxe-Regierung. 18.04.2005http://www.tagesschau.de/aktuell/meldungen/0,1185,OID4258642,00.html Zugriffsdatum: 21.04.2005

Wikipedia, Unbekannte Autoren: Verschiedene Begriffe

http://de.wikipedia.org/wiki/Bataillon

http://de.wikipedia.org/wiki/Brigade

http://de.wikipedia.org/wiki/Gerrymandering

Zugriffdatum: 03.05.2005

8 __Anhang__

Grafik 1:

Opfer von ETA Anschlägen 1968-1986

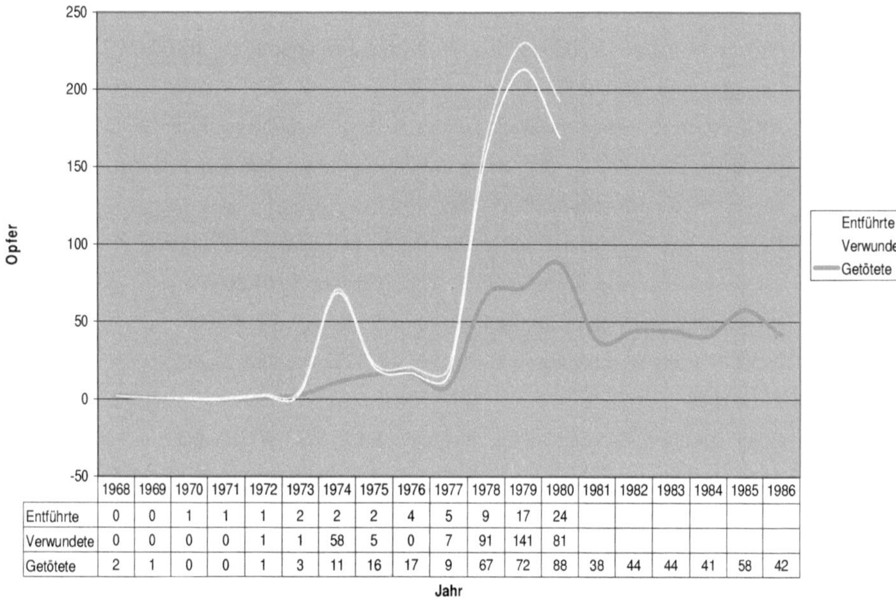

	1968	1969	1970	1971	1972	1973	1974	1975	1976	1977	1978	1979	1980	1981	1982	1983	1984	1985	1986
Entführte	0	0	1	1	1	2	2	2	4	5	9	17	24						
Verwundete	0	0	0	0	1	1	58	5	0	7	91	141	81						
Getötete	2	1	0	0	1	3	11	16	17	9	67	72	88	38	44	44	41	58	42

Organigramm 1:

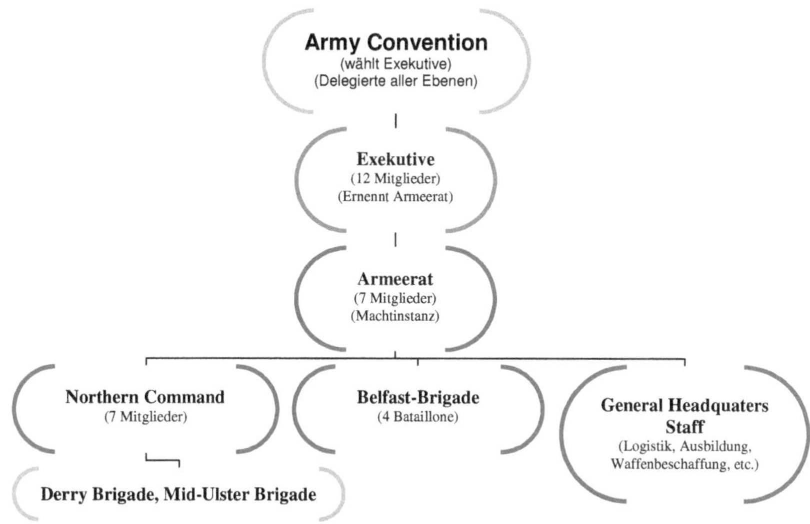

Tabelle 1

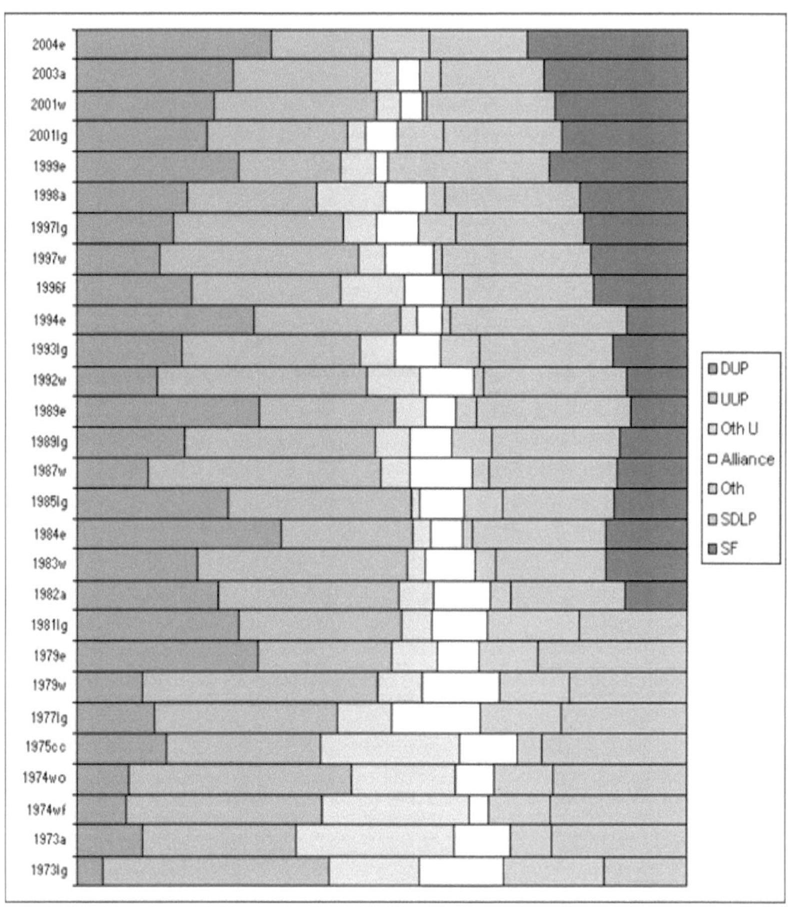

2004e
2003a
2001w
2001lg
1999e
1998a
1997lg
1997w
1996f
1994e
1993lg
1992w
1989e
1989lg
1987w
1985lg
1984e
1983w
1982a
1981lg
1979e
1979w
1977lg
1975cc
1974wo
1974wf
1973a
1973lg
DUP
UUP
Oth U
Alliance
Oth
SDLP
SF

[74] Tabelle 1 (Quelle: http://www.ark.ac.uk/elections/gallsum.htm). Die y-Achse bezeichnet die
Wahltermine (mit in diesem Fall unerheblichen Wahlorten). Interessant hier die dunkel grün markierten
Wahlergebnisse der Sinn Féin (SF)

74
